ヨベル新書
039

決定版

ひとりの伝道者に注がれた神のまなざし

『神の底抜けの恵み』後編の改題

錦織博義［著］

YOBEL,Inc.

著者近影

はじめに

東京聖書学院名誉院長　**小林和夫**

錦織博義師によって『神の底抜けの恵み』が出版されたことを大変うれしく、心強く思っています。本書は前編の続編として書かれたものですが、二つを一つとして読まれることが最もよいと思います。「伝道者に注がれた神のまなざし」という副題に一切があらわされているように思います。

わたしは第一巻を読ませていただきまして、わたしどもの教会出身の牧師たちにさっそく一冊ずつプレゼントしました。非常に喜んで、感謝の手紙をいただきました。

本書はもちろん、一般の方々にも共通する神の恵みの証しですが、特に伝道者にとっては、よき光を与えてくれる書物であると思います。わたし自身はこれを読み終えましたときに、「われらがいやしかりしときに記念したまへる者に感謝せよ。その憐憫はとこしえに絶ゆることなければなり」（詩篇一三六23・文語訳）のみことばが心に浮かんでまいりました。

錦織師は多くの試練や祈りの課題を与えられて、その困難を主の恵みによって乗り越えてこられたのでありますが、このみことばのわたしへの語りかけは、同年輩の牧師であるわたしの人生と二重写しになるように、同感させられたからであったと思います。ご夫妻の主にある麗しい夫婦愛をみることができましたし、家庭の中をのぞかせるように、子どもさんたちとのやり取りを記しておられます。こうした点は信徒の方々にも、伝道者の生活がどのようなものであるかを知っていただき、牧師、伝道者のために祈っていただく指針になろうと思います。

正直のところ、先生もこれを公にすることを初めのうちは戸惑いなさって、今はりっぱな伝道者になっておられるお子さんたちにも相談されたようであります。子どもたちはそのようなものは出さない方がよいというように思っていたようです。しかし、そのような考えの中にも先生は、どうしてもこのようなわたしを今日まで導いてくださったお方のみわざを語らなければならないという、胸につきあげてくるような感じをもたれたようです。イエスと弟子たちが「いよいよオリブ山の下り道あたりに近づかれると、大ぜいの弟子たちはみな喜んで、彼らが見たすべての力あるみわざについて、声高らかに神をさんびして言いはじめた、『主の御名によってきたる王に、祝福あれ。天には平和、いと高きところには栄光あれ。』ところが、群衆の中にいたあるパリサイ人たちがイエスに言った、『先生、あなたの弟子たちをおしかり下さい』。答えて言われた、『あなたがたに言うが、もしこの人たちが黙れば、石が叫ぶであろう』。」（ルカによる福音書一九37〜40）

わたしも著者と同じように困難を通過して来たゆえに、わたしの生涯と二重写しになっていると先に述べましたが、おそらく本書をお読みになった皆さんも、そのようにお感じになるだろうと思います。特にわたしは、先に召天された同年輩の牧師たちもみな、それぞれ神さまの恵みのストーリーをもって、天に凱旋されたと思わしめられ、今更のごとく、キリストにある「無尽蔵の富」に思いを至らせていただき、主の御名を崇めたことでした。

読者の皆さんもお読みになって、「地にある聖徒」の交わり（詩篇一六3）に積極的に参加し、この困難な時代に、恵みの御手をもって変らず共にいてくださる主と共に、前進してくださることをお祈りいたします。

なお、錦織先生が長い間、日本ホーリネス教団の責任役員のご用や出版部の建て上げと成育にご苦心くださったことを深く感謝しています。神さまの祝福が豊かにご夫妻の上にありますように、心よりお祈りしてペンをおきます。

二〇〇六年九月　　東村山にて

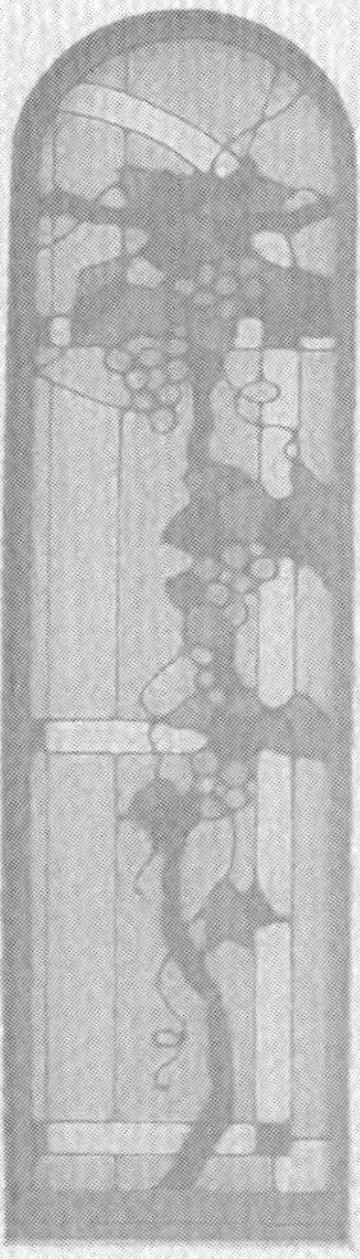

決定版　ひとりの伝道者に注がれた神のまなざし　――　目　次

5

教会の戦いと祝福　１９７０年代～　105

本書は『神の底抜けの恵み——伝道者に注がれた神のまなざし・後編』（ヨベル、２００６年）を改題し発行したものです。

錦織博義先生のイラスト（２５６頁と表紙）は改題前に使用したものです。イラスト：石橋えり子。

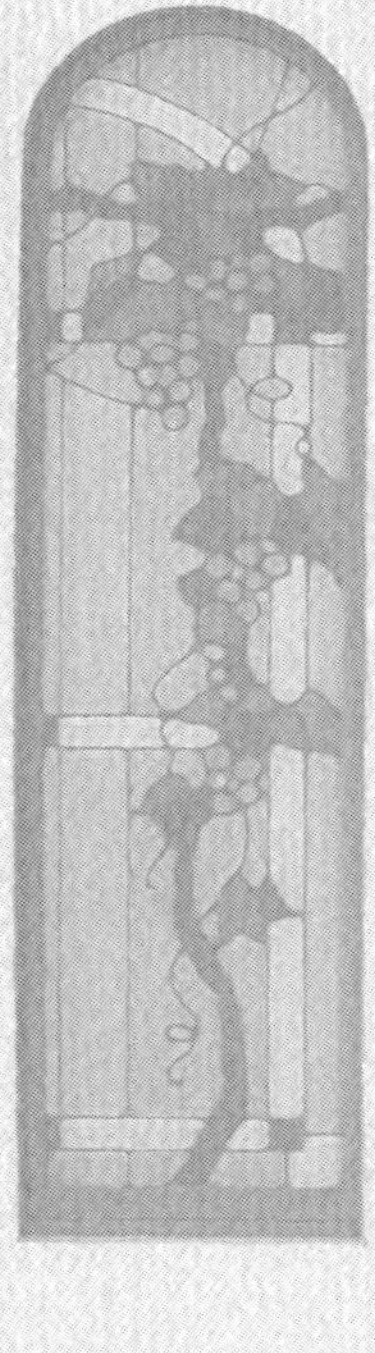

1　プロローグ

おまえどこの子？

「教会は地域から浮かび上がっている」といわれたり「教会の土着化」が叫ばれたりしたこともあったが、わたしたちが遣わされた深川教会は地域に根差し、地域の方々から理解（？）されていた。それを物語るような事件が、着任早々起こった。

東京に転任と同時に長男は「大阪に帰りたいよう」といいながらも小学校入学。

この木場地区には、材木を運ぶ運河が縦横に走っており、同じような橋も多かった。入学式には当然母親と一緒であったが、翌日からは近所の上級生たちが誘ってくれて登校した。問題は下校時に起きた。上級生は当然午後まで授業があるのだが、新入生は行ったかと思ったら帰ってくる。その日も、校門を出たまではまだよかったが、右を向いても左を向いても材木屋ばかり、どの橋を渡ればいいかも分からない。遂に迷子になってしまった。

うろうろしていたのか材木屋の店員が、

「おまえどこの子？」

どこの子と聞かれても、引っ越したばかり。しばらく（ハテナ？）と頭をかしげ、考えあぐね

た末、

「ボク、教会の子！　近くに橋があるの！　ボクのうちどこかな？」

「教会の子？　どこの教会だろう？」

「川京に違いないな。」

早速川京商店に電話があり、店の人が迎えに行ってくださり、無事帰宅。

三日目はなんとか無事に帰ってきたが、四日目にまた迷子に。今度は反対側に。そこでも「教会の子」ということで、川京商店まで連れてきていただき、無事に帰宅。

やれやれ、これからどうなることやら。

それほどまでに川京商店と教会は密接な関係にあった。「深川キリスト教会」といっても「深川教会」はあちこちにあり、どこにあるのか分からなかったが、「川京の教会」といえばすぐ分かるほどであった。

深川教会の創立者川端京五郎は、1905年（明治38年）に川京商店を開店するとともに、その年に入信し、「まず神の国とその義とを求めよ」との御言葉から家庭も事業も「神第一」をモットーにし、毎日従業員とともに「家庭礼拝」を励行したほか、日曜日には従業員全員を教会へ「誘った」というより「連れていった」のである。そして私財をなげうって戦前（1927年）、戦後（1955年）の二回にわたって会堂をささげている。もちろん、わたしたちが深川に赴任したときには、彼はすでになく、二代目の社長が川京商店と教会を守っておられた。

主《しゅ》に忠実なひとりのクリスチャンの存在は、地域にとっても教会にとっても大きな力であることを、今さらのように知らされたのだった。

ボクの家はどこ？

それらのことがあってどの位たったか分からないが、長男が学校から帰るなり、

「ボクのうちはどこ？」

と怪訝《けげん》そうにいう。

「ぼくの家はここだよ。」

というと、

「ここは教会でしょう？　ボクの家じゃあないでしょう？」

と頭をかしげる。

「そうだなあ。うーん。ここは教会だよ、でもここがボクたちの家だよ。」

「よくわからないなー。お父さんのいうこと……。」

「どうして？」

「だって、ここは教会でしょう。屋根の上に十字架がついているよ。」

「そうだね、十字架がついているね。教会だね。でもここがボクたちのお家だよ、他にお家ないよ。」

「教会でぇ、ボクのお家。ボクのお家でー、教会。むずかしいなー。だって教会は神さまのものでしょう。」

「そうだよ、そうだね、この教会を借りているということかな。」

「そうか、借家か？」

「そうだね、借家だね。じつはね、ボクたちには天国にほんとうのお家があるんだよ。今は教会のご用をするために教会に住んでいるんだけど、やがて天国にはほんとうにすばらしい家が準備されているんだよ。でも今はここに住んでいるんだ。これもすごいことなんだよ。教会は神さまの家であり、その神さまの家に住まわせてもらっているんだものね。」

「そうか、神さまの家に住まわせてもらっているのか？」

まだ、この子たちには分からないかもしれないが、教会に住むことができるなんて、こんなすばらしいことはない。教会に住んでいることによって、さまざまな制約もあるかもしれない。しかし、その何倍もの祝福が備えられているんだ。そのことを、この子たちの心にしっかり刻み込み、牧師の子として生まれたことを誇りに思い、感謝する子になってほしいと思わせられ、また祈るのだった。

「わたしたちの国籍は天にある。」「地上では旅人であり寄留者であることを、自ら言いあらわした。」（ピリピ三20、ヘブル一一13参照）

2　深川で仕える

１９６８年～

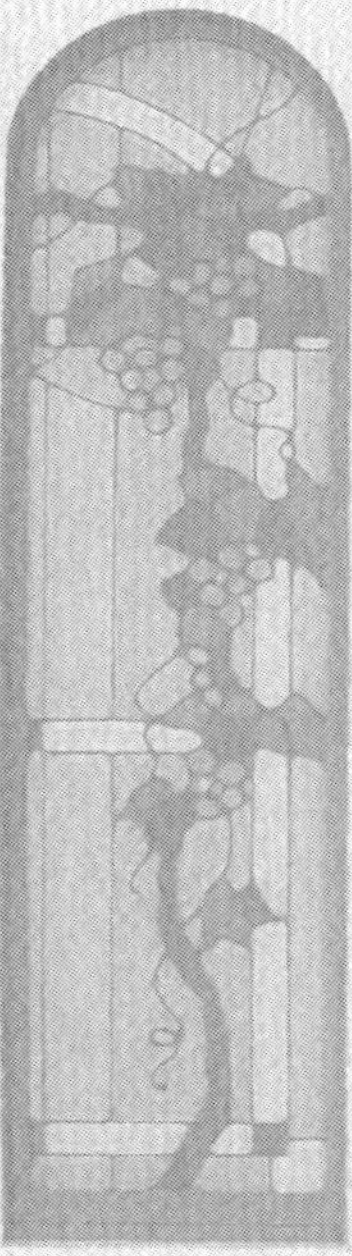

愛の犠牲

前任の牧師は若いはつらつとした結婚されたばかりの牧師夫妻であったが、今度は三十代とは言え、わたしたち五人家族。

わたしたちも一つの決断をして上京はしてきたが、教会にとっても大きな決断であったに違いない。

「これでは先生方も大変だよね。」

「そうだよね、大変だよね、ここに五人住むことはね。わたしたちでなんとかしなければね。」

「そうよ、なんとかしなければ……。」

というようなわけで、役員の兄弟姉妹方が必死に祈りながら教会を支え、時にはポケットマネーでわたしたちの家族を支えてくださった。今思うと夢のようだ。

やがて起こってきたのは、お風呂の問題。当時の教会には風呂はなかった。その頃は風呂のないことは珍しいことではなく、風呂屋に行けばよかった。ちなみに、大阪ではほとんどお風呂屋だった。東京では近くにないためだったのか、大家族で大変だと思われたのか。（まあ、夏は玄関先でシャワーを浴びたこともあったが……。）教会員の方の家でお風呂にいれていただくことになった。ところが、子どもたちはお風呂大好き、お風呂に入ると解放感を満喫して、近所にまで聞こえるような大騒ぎ、大騒ぎ、風呂もわたしたち一族が入るだけでドロドロ（?）。でも、嫌な顔一つ見せないで迎えてくださったばかりか、たびたび帰りにご馳走していただいた。子どもたちはお風呂と同様に、遠慮なんか全然しない。獲物を見つけた飢えたなにかのように、食べる食べる……。ああ、よく耐えていただいたなぁ。

今も思い出すたびに涙が溢れる。

また、毎日いまはほとんど見ない、大きな牛乳瓶が何年届けられたことだろうか。前の魚屋さんからも

「○○さんからですよ。」

と私たちには手の届きそうもないお刺し身が届けられることもしばしば……。

授業料なしの講義

教会のとなりには川端京五郎兄の長女夫妻が住んでおられた。お子さまのおられなかったご夫妻、そこに腕白三人の子持ちの牧師がやってきたのだから、静かだった教会も急ににぎやかを超えて騒々しくなった。さあ大変！

「まあ、にぎやかだわね、どうしたの?」

「どうしたの?」といわれても困るのだが、とにかく五人家族がやってきたのだ。たしかにいわれてみれば、騒々しい。

「静かにしなさい!」

といってみてもどこ吹く風だ。

「ほら、おとなりの先生ですよ、ご挨拶しなさい。先生はね、お習字の先生ですよ、さあ、挨拶して……。」

なにがなにやら分からないままに、

「こんにちは。」

とぺこりと頭は下げるのだが、心は全くこもってはいないのはお見透しだ。

「頭だけ下げたってダメよ。」

そういわれればそうだ。だが、六才、四才、三才、分かるはずもない。そこで叱られる(教えていただく)のは親のほうだ。じゅんじゅんと教えていただくこと2時間。

「あなたがたは感謝しなさいよ。こうして大切なことをただで教えていただいてるのよ……。あなたたちは。」

「……。」

「どうでもいいと思えば、わたしもいわないわよ。あなたがたのことを思うから、嫌われるようなことでもいうのよ、分かっている？　ちゃんと聞いている？　聞いてないでしょう。」

見抜かれたか、そういわれればそうなのだが、そのときはそうはいえなかった。「はやくおわらないかな？」という心が顔に出ていたのかな？　おれはまだまだだなぁ。

そんなわたしたちを何十年も忍耐してくださったのだ。

ザクロ談義

いつの間にか、話は玄関横に植えられていたザクロに移っていた。

「このザクロはね、おじいさんがザクロのように多くの人が来るようにと祈りながら、子どものいないわたしのために植えてくれたのよ。」

そういわれて玄関に出てみると、見事なザクロの木。

冬は枯れ木のようになっていた木も春になると一斉に芽を出し、きれいな花を咲かせ、秋には見事な実をみのらせるそうな。

――祈られて祈られて植えられたザクロの木、そうだったのか――

花はたくさん咲くのだが、ほとんどが落ちて秋に実るのはそう多くはない。その無駄花の落ちるときがちょうど梅雨、雨で濡れて前の道路いっぱいに汚すのだ。朝早く起きたつもりだが、おとなりの先生はもっと早い。もう掃除のすんだ後。

〔あっ、しまった。やられた〕

と思いながら、

「すみません、きれいに掃いていただいて……。」

「ダメよ、牧師はもっと早く起きなければ……。」

その通り、しょんぼり。

秋の落葉がまたすごいのだ。落ち葉もきれいだといえばきれいなのだが、ある人はいった、

「ザ、クロウ（苦労）ですよ、先生。覚悟しておきなさいよ。」

一日に二回は掃かなければならない。それに向かいは食べ物を扱われる老舗《しにせ》のお魚屋さんだったから、なおさらだ。

それにしても、地域に根差す教会には教えられること多いなあ、感謝、感謝。

思わぬカラス

深川に赴任して、多くの方々に愛され支えられてきたが、大阪の開拓伝道でも公私共に多くの方々からお世話になった。前編でも触れたように、思わぬカラスが、あちらこちらからやってきた。

そのなかには若い頃は矢内原忠雄らと共に新居浜で無教会の方々と交わりを持ち、新居浜教会の創設にかかわり、その後大阪に転任してからはホーリネス教会員として主に仕え、教団合同や弾圧・解散等のために日本基督教団南大阪教会に所属しておられた兄弟がおられた。なかなか気骨のある信徒で、はっきりホーリネスを語ってくださった。大阪にホーリネス教会が開拓されることになったとき車田師の要請もあり、妻がひとりでいるときは毎週日曜日朝の礼拝か夜の伝道会かいずれかにきてメッセージしてくださり、結婚してからも月に一回は必ず来てメッセージを取り次いでくださった。

特に年末になると必ず、テモテへの第二の手紙4章から「しかし、あなたは、何事にも慎み、苦難を忍び、伝道者のわざをなし、自分の務を全うしなさい。わたしは、すでに自身を犠牲としてささげている。わたしが世を去るべき時はきた。わたしは戦いをりっぱに戦いぬき、走るべき行程を走りつくし、信仰を守りとおした。」と判を押したように語ってくださったことが忘れられない。

そこには有無を言わさぬ威厳があった。それには、その生涯が裏打ちされていたからである。

度々自宅に呼んでくださり、若い伝道者をもてなしてくださった。ときには、教会員みんなを呼んでご馳走してくださったこともあった。みんなどんなに尊敬し、喜んだことだろう。たぶん当時、すでに七〇歳は超えておられたのではないかと思うが、それでもなお、若いわたしたちを励まし、その勘所をよく弁えてご用してくださったことは、今も忘れることができない。

その家の大きな書架には、手にはもちろん目にしたこともないキリスト教関係の書物がいっぱいあった。

〔ああ、こんな物も、ああ、あんな物も……。〕

珍しがってみていると、奥さまが、

「欲しいものがあったら貰っていらっしゃいよ。」

〔でも、悪いものなぁ〕

と思っていたが、今思えば残念でならない。召されたと聞いたときはかなり時間が経ってからであり、すでにほとんど処分された後だった。でもただ今手許にあるのは、ただ一冊「新約聖書語句索引　和→希　黒崎幸吉著　昭和27年2月」である。

それにしてもあの年末のメッセージは、生涯いのちを懸けたご自分の証しであったのだ。どれだけの人の心の中に刻まれていることだろうか。あのような無私な信徒を産み出した教会はすばらしい。それにしても、よく助けていただいてわたしたちの今日があることを忘れるなよ、といまも語られている。

酒樽が愛のぶどう酒に

話は深川に戻るが、この教会には名物男が居られた。背はあまり高くないが、度のきつい眼鏡をかけて、ときにはそれを逆さにかけたりして、

「Yさん。その眼鏡逆さですよ。」

というと、

「このほうがよく見えるんですよ。」

といったりしておられたY兄。鉄道員のような帽子をかぶって深川図書館の守衛をしておられた。日曜礼拝は図書館の都合で出られないときもあったが、夜の伝道会と祈祷会には休まれることはなかった。日曜日の夜の伝道会には、必ずお証しをされ、

「わたしは酒屋に奉公（見習い）に出たばかりか酒の虜になっていましたが、あるとき新聞に『日本人の救いの神』という記事がありまして、それから柏木の教会にいくようになりました。し

ばらくして、『愛のぶどう酒』という説教を聞きましてね、自分もこの愛のぶどう酒に酔いたいものだと思い信じました。」

と、毎回判で押したような証しをされていた。

その彼が退職後はひたすら祈りと伝道に励まれるようになり、その年のクリスマスに豊島公会堂で「都民クリスマスの夕べ」の開催される朝、いつものように早天祈祷会に出て必死に祈り、

「これから案内にいってきます。」

と案内に出かけ、いったん自宅に帰られたが、心残りだったのか、もう一回出かけようと思って出た途端にバイクに跳ねられ召された。

ああ、あの名物男も天国へいってしまった。もう再び「酒樽」の証しも聞けないか、ちょっとさびしいが向こうに行けば会えるのだ。また「酒樽」の証し聞けるかな?

物騒なこと――肉は益なし

前任の牧師が若者に特に重荷を持っておられたので、十代、二十代の若者が多かった。

この人たち、特に若い女性の方々の結婚のことを考えると、どうしても男性に重荷を感じるようになった。そのことが頭から離れなかったのか、だれかと話しているときに、

「これからは女性でなく、男性を誘ってください。」

といってしまった。いってから「しまった」と思ったが後の祭り、女性軍から総攻撃！「つるし上げ！」とまではいかなかったが、ひんしゅくを買ってしまった。

「いまだったら即刻セクハラで首だっただろうなー」

なんといわれても、そのときのわたしには、それしか頭になかった。そして男性が来るとなんとか捕まえなくてはと（肉の心で）必死になった。その結果かどうか知らないが、一時は「深川教会は男性が多い」と評されたこともあったが、いまはやはり80％は女性の方々の力によって教会は守られている。


「肉は益なし」か、それとも教会はやはり「すべての人」に門戸は開かれているのだ。

「今度の祈祷会は〇〇教会に行ってきます」

前任の牧師は、ここを離れるにあたり、

「教会を大切にせず、牧師を大切にしない信徒や教会は、決して神さまの祝福を受けませんよ。教会と牧師を大切にしなさいよ。」

と、口を尽くして言って行かれたが、やはり違いは歴然としていた。彼の説教や信徒の方々への配慮にはかなわなかった。

「今度の祈祷会には○○教会の祈祷会に行きます。○○教会の祈祷会が恵まれますから……。」

いつも教会をにぎわしてくれていた姉妹たちが、礼拝の帰りがけにこう言い残して帰っていった。

「あら、そう?」

と何事もなかったようにいったが、わたしの心は穏やかではなかった。穏やかではないどころか、煮えくり返っていた。

「やっぱり俺は駄目か、これでは牧者ではないなあ」

と思うのだが、劣等感にさいなまれ、どうすることもできず泣いた。しかし、その涙は悔しさの涙ではあっても、決して彼らを愛しての涙ではなかった。もちろん主の愛に感激しての涙でもなかった。

「これでは仕方がないな、あの人々がそうしたのも」

と今は思うのだが、そのときはそんな余裕はなかった。

でも、主はそのような心を良くご存じくださった。主はご自分の生涯も、いよいよ最後がきたことを知って、自分を裏切ろうとする者たちを愛して、最後まで愛し通し、自分を裏切る者たちの足を一人ひとり洗っておやりになった。どんな思いで足を洗われたのだろうか。それを思うと主に対しても、あの姉妹たちに対しても申し訳ない思いでいっぱいである。「わたしの羊」といって主が委ねられた一人びとりなのに……。

上野？　上野のどこ？

そんな折りに神さまは一軒のクリスチャンホームを送ってくださった。彼らの来会は、教会に新しい風を吹き込んでくれた。早速ご夫妻で教会学校の教師をしてくださり、特にご主人は長い間校長としての責任を持ってくださった。とにかく忠実だった。彼らは「わたしとわたしの家とは、共に、主に仕えます」をモットーにしておられ、主日は朝早くから一日中ほとんど教会にいて、祈祷会にも必ず職場から駆けつけ、わたしたちを励ましてくださった。

また牧師とその家族には事のほか心を配ってくださり、ある日、

「先生。○○日の夕方少し時間がありませんか？」

「○○日の夕方なら大丈夫ですよ。」

「すみません、では夕方五時に上野駅の公園口に待っています。」

〔何だろう？〕

と思いながらも、子どもたちは「上野」と聞いただけで大はしゃぎ……。

「おーい、おまえたちよーく聞けよ、いいか。今度〇〇日の夕方、上野に行くんだって！」

「上野？　上野のどこ？」

「上野のどこだろうね。でも、どこでもいいよ、分からないところがいいじゃん、夢があって……。」

「上野？　上野？　夕方だと、もう動物園は閉まっているし……。」

長男は腕組みをして、いかにも兄らしく考えている。

「〇〇日の夕方の五時が楽しみじゃん。」

そしてその日はきた。子どもたちもみんな早く帰ってきた。

五時少し前に着くと、すでに待っていてくださった。

「少し歩いていただきますけど、すみませんね。」

「大丈夫ですよ、歩かなきゃあ。」

ワイワイ言いながら着いたのは、なんと高級レストランだった。

今のようにファミリーレストランなどない時代、子どもたちにとってそれは夢のようであったに違いないが、わたしたちにとっても夢のようだった。

「先生、みんな！　遠慮しないで食べてね。出てくるものは何でも良いから……。それにほしいものがあったらいってもいいよ。今日はね、しっかり食べていいよ。その前に先生にお祈りしていただきましょう。」

祈りが終ると、子どもたちは隣同士突き合いながら、場違いのように、どのようにフォークとスプーンを使っていいのか困っているようでもあったが、うれしくてたまらない。

また教会のためには何くれとなく心を用いてくださり、特に会堂のためには重荷を感じてくださった。ある日曜日の礼拝後、

「今この会堂は、川端京五郎さんたちが献げてくださいました。でも今では周りの様子も変わってきました。今度は、わたしたちで新しい教会について考えていきましょう。それにしても、急にはできません。だからといって何もしないでは、何もはじまりません。みんなができるように、一口百円から何口でも結構です。会堂のために献金しようではありませんか。みんなで『無理なく長く』をモットーに、まずはじめましょう。」

と先頭に立ってはじめてくださった。その「無理なく長く」がときには心にひっかかることもあった。

〔無理のない献金があるかなぁ。レプタ二つをささげたのも、その女性にとっては「生活費全部であった」と聖書はいっているのになあ〕

と思ったこともあったが、とにかく始まった。

それは1971年6月のことであり、その年は半年で3万5千6百円が与えられている。それが2度の改修を経て、土地を手に入れ、今実ったのだ。彼の判断は正しかった。何も知らないのは牧師であった。

わたしにできることは?

あるとき近所に住んでおられたH兄がおいでになり、

「先生、もう仕事はないし、教会でわたしにできることはなにかないでしょうか。」

「ありがとうございます。たとえばどんなことができますか?」

「わたしは口下手で、だれかに伝道することもできませんし、長い時間はもうできないと思います。でもちょっとぐらいなら……。」

「そうですか。しばらく考えさせてください。」

そのときは、それで帰っていただいたが、ふと思い出したことがあった。

——こんなことはどうだろう。毎週の礼拝説教の呼びかけ、または序論（語り出し）の一部をハガキ版くらいに印刷し、近所に配っていただくことは？——

早速それにとりかかった。しかし、それを毎週土曜日の朝までに作ることは易しくなかったが、せっかくの申し出だ、これを潰してはならないと、はじめることにした。いまのようにコピー機や印刷機のない時代、謄写版印刷だ。毎週二〇枚お願いすることにした。こうして毎週土曜日の朝、祈って送り出した。

すると、（わたしの記憶に間違いがなければ）何週間目かに早速高校生がやってきたではないか。（実は彼は教会学校にずーっと来ていたらしいが）わたしもうれしかったが、彼はことの外うれしかったに違いない。何年間か続けてくださった。近所にいてもなかなか教会には、なにかのきっかけがないとこれないようだ。やがてその高校生は芸大に何度か挑戦して見事に入学し、そこの大学院を卒業して学校の教員のかたわら日本画家として活躍しておられるほか、彼が入信して変えられたことから、

「孫が教会にくるようになって変えられましてね。」

といいながら、七十八才のおばあちゃんが教会にこられるようになり救われ、そのおばあちゃんが、

「わたし今までの生涯はゼロで、イエスさまを信じてからの生涯がもうけものです。」

と口癖のようにいっておられた。そのおばあちゃんとふたりではじめた「祈り会」がいまの第一祈祷会。

そのおばあちゃんが、時々、

「先生、今日もだれもこられませんか？」

とっさに妻は、

「わたしとおばあちゃんとイエスさまの三人もいるよ。」

といいながら続けられてきた。

そんな中で、その孫が厳しいストレスからかひどい胃潰瘍になり、手術をされたが、数日後再び開腹手術を受けなければならなくなった。そのときおばあちゃんは、まさに自分を投げ出して必死の祈りをささげられたのだった。

「神さま、わたしはもう老い先短い者であり、どうなっても構いません。あの子はこれからです。どうぞ、わたしの代わりにあの子を助けてやってください。お願いします、お願いします。」

と祈られたのだった。

さいわい手術も成功し、しあわせな家庭を築いておられる。

あのH兄の申し出がなければ、あるいは、あの高校生の救いもおばあちゃんの救いもなかったかもしれないことを思うとき、H兄の働きはわたしたちが忘れても天に覚えられていることだろう。

チビちゃんお願いします

ある日、六年生になる息子を連れてS姉がこられ、

「先生、このちびちゃんお願いします。」

と哀願するようにいわれた。その前には、頭を垂れているあどけない少年が立っていた。高校生の彼の兄は、すでに洗礼を受け高校生会で活躍していた。しかし、彼はからだは大きいがまだ小学校六年生。いわゆる反抗期を迎えていたのかもしれない。母親にとってこの息子が心配でたまらないようであった。

それから彼は、母親からお小遣いをもらえることを条件に教会にくるようになり、やがて救われて洗礼を受けた。どんなにうれしかったことか。

やがて兄は献身して聖書学院に入学し、その弟が高校生になったとき、S姉はからだに変調を覚えられるようになり、がまんにがまんを重ねておられたが、診断の結果、悪性腫瘍のあることが分かり、すでに手の施しようがなかった。しかし、あの「ちびちゃん」はあきらめることはなかった。食事療法で少しでも母を支えようと図書館に通い、料理学校に学び、慣れない手つきで少しでも母の身体に良いものをと、料理を作り母を看病した。

あのチビちゃんも今は茨城県下の教会で仕えている。お母さんは、天国でどんなに喜んでおられることだろう。

「先生、お父ちゃんが洗礼を受けるというんです」

そのS姉も入退院を繰り返し、重篤になられたS姉を病院にお見舞いしたとき、そばにはご主人が居られた。わたしの顔を見るなりS姉は、

「先生、お父ちゃんがね、洗礼を受けるといってくれるんです。」

とすっかりやせ細った顔に、うれしそうに訴えるとも語りかけるともつかない、か細い声でおっしゃるのだった。

「そう、よかったですね、ご主人！」

3　祈られ聖別された場所（大島泉の家）　１９７０年～

船酔いの契約

青年たちの救いと恵みの成長のためにキャンプが用いられていた。しばらくの間は城ケ島のユースホステルを利用して「青年キャンプ」を開催していた。しかし、なかなか貸し切りというわけにもいかず、外部団体の青年たちといっしょのこともしばしば。国旗掲揚はなかったように思うが、朝の他の団体との交流会はあった。当然といえば当然であるが、そこにはさまざまな制約もあり、時には先約があって利用できないこともあり、どうしても自分たちが自由に使うことができ、堂々と福音を伝え、ホーリネスのメッセージを語ることのできるキャンプ場がほしかった。

そのために青年に重荷を持っていた教師たちが東奔西走、場所を探した。あるときは富士山の麓に、あるときは奥日光に、あるときは浅間山麓に、あるときは伊豆半島にと時を忘れて探したが、適当なところは見つからなかった。

そんなある日、東京の不動産屋から伊豆大島に約2千坪の土地があると聞かされ、現地視察をした。確かに隣には大島公園はあるが、該当地は2千坪といっても急斜面のジャングル。しかし、他に適当な地はない。激論と検討の末、ついに決断した。

そして、その日でキャンプ場のためにささげられていたOMSI（東洋宣教会）資金の期限が来るので、契約は3月31日、その日は海は大荒れだった。大揺れの船に乗って全権を委ねられたS師とK兄は船酔いしながらの契約だった。前途を予感しているように……。

契約金は支払ったが、残金は一か月以内に支払わなければならない。また林を伐採し、整地し、建物を建てるにしても資金がなければならない。教団はじまって以来初めて「教団債」を発行することにした。

「借金なんてとんでもない……。」

というような声がどこからか聞えてきた。

「青少年のためにお願いします。」

とお願いしてまわったが、思うように集まらない。しかし、とにかく集めた。

木を切っても倒れない

該当地の上の公園内にあった黒潮小屋を拠点に、その夏から青年を中心にワークキャンプがはじまった。木なんか切ったことのない青年たちが、自分たちのキャンプ場を作るんだと顔を輝かせて夜9時に竹芝桟橋に集まってきた。船の中は夢でいっぱいだ。今まで、どこのだれだか知らなかった青年たちが、いつの間にか親しくなり、船底で横になる者、甲板にゴザを借りて横になる者などさまざまだ。でも、そこがまたよい交わりの場ともなるのであった。船が大島に着くのは翌朝5時半。でも8月といえばもう明るい。眠気なんか吹っ飛んでしまい、みんなわくわくだ。

船を降りた一行は、くねくね道を曲がるバスに揺られながら大島公園にある黒潮小屋に着いた。今はすっかり新しくなったが、当時はまさに「小屋」。弁当の朝食を食べるのももどかしく、

「どこですか、どこ?」

「行って見ようよ、早く。」

「はーい、お祈りをして弁当を食べ、まず腹ごしらえをして、腹ごしらえを!」

とリーダーのS師の声が飛ぶ。

「はーい。」

一斉に弁当にかぶりつく。一刻でも早く現地を見たいのだ。

「じゃあー、行くぞ!」

S師の先導で公園の中を降りていく。公園は都立公園、さすがに良く手入れされている。

「ここまでが公園」と塀があるわけではない。それからが大変だ。横に出て下山道に出る。

「ここを30メートルくだったところに桜の木がある。そこからがわれわれの土地だ。」

と言われても、桜の木はあちらこちらにある。どれだかわからない。しばらく行くと、右側に少し太めの木があり、それにヒモが巻いてある。

「ここだぞ、ここ！」

「下は約○○メートル下にある。」

誰かが走りだした。しかし、道といえば道だが、水の流れていない谷底のような所だ。

「その上だ、その上。そこにヒモの巻かれた木があるだろう。そこまでだ。」

「奥行きはどこですか？」

「そんなことわかるかい！」

「へー！」

みんなあきれた様子だ。何が何だかわからない。

「大体この辺りまで……。」

ということになっているらしい。

「まず、ここに入口の道を作るから、幅5メートルくらい木を切ってくれ！」

さあ、ノコギリなんか使ったことのない青年たち……。でも手に手に折畳み式の園芸用のノコギリを持ってきている。ところが、松や杉と違って椿の木は堅いのだ。そう簡単には切れない、ましてや園芸用のノコギリでは歯が立たない。でも、みんな必死だ。いや、うれしくてたまらない。すると、ある人が、

「先生、切ったけど蔦が絡まっていて倒れないよ！」

と悲鳴を上げている。悪戦苦闘しながらも二時間。何メートルか木が倒されてきた。みんなの顔は満足の汗とほこりで真っ黒になっていたが、満足感でいっぱいだ。

「お腹空いたよー。お腹空いた。」

「さあ、これで午前中の作業は終わり。お昼にしよう！」

司令官の声。

「ヤーイ、お昼だぞ、お昼。」

みんな続々と上がってくる。

お昼の準備も整い、みんなの来るのを待っていると思いきや、カマドなんかでご飯を炊いたことのない青年たち、第一カマドで薪が焚けないのだ。煙は出るが、なかなか薪に火がつかない。ついたかと思ったら、薪を入れすぎるなどもあって、食事が出てきたのは30分過ぎ……。

そこはガマンのホーリネスの青年たち、待っている間に名前をお互いに覚えようと車座に座

った。参加者は約50人、ほとんど知らない人ばかり。ところが、一回で全員覚えた女性がいたのにはびっくり。

これも食事を待っている間の一コマ。出てきたのは煙の匂いのついたご飯。でもみんなで食べればおいしいのだ。しかも辛いカレーだったので「煙の匂い」も吹っ飛んだのかな？

こうして伐採も全部はできなかったが、お盆休みを利用して参加した青年たちによって第一歩が踏み出された。副産物（？）として、そこでの出会いで、何組かのカップルも生まれた。

傾斜面を整地するのも大変であったが、それは専門家に頼むことにした。

羽村のトタン、海を渡る

さて、そこに建てる建物について思案しているとき、立川基地の隣の「羽村」にある米軍施設（学校）が撤退し空き家になっている。これを無償で提供していただけることになった。この解体運搬には宣教師にも全力で協力していただいたが、わたしたちも毎日のように解体に行った。いわゆる重機で解体するわけにはいかない。それでは再利用できないから……。まずトタン屋根をはがす。これ一つとっても日本のトタンとは違う。さすがと思うが、あれから30年潮風をもろに受けながらも錆び一つ出ていない。厚い、しかもしっかりしたジュラルミンだったのである。だから重い。釘にしても日本のものよりもはるかに太く長い。だから解体も大変だった。ほこりだらけのお互いの顔を見ながら、ふと、

「これが俺のやるべきことなのだろうか？　もっと効果的な、もっと牧師のなすべきことがあるのではなかろうか？」

との思いが心をよぎったとき、横を見ると、いかにも満足そうにやっている同僚や宣教師たち……。主の前に自分が恥ずかしくなった。その夜帰ってから、主の前に出た。

「お前いやなのか？　いやなら止めてもいいよ！　でも、あれが青少年の救いにつながっているとしたら、それでもいやか？　お前は自分がほこりだらけになっていると思っているだろうが、お前のほこりを被ったのはわたしだよ。」

涙は止めどなく流れ、

「ああ、そうだったのか？　主はこんなわたしのために、ほこりだらけになってくださったのだ。」

そう思うと決意を新たにして、また青少年の救いを夢見ながら毎日のように通った。そのトタンが海を渡り、食堂と風呂の外壁に今も使われている。

柱はもちろんのこと、天井板も、床板までも一枚一枚ていねいにはがさなければ再利用でき

ない。みんな牧師や宣教師、解体業者はひとりもいない。全くの素人ばかりである。でも、〔これがあの海を渡って、あそこで若者の救いに役立つのだ〕と思うと、どこからともなく

罪に沈む汝が友に　進めよ助け船を
主なるイエスはたれ人も　あがないい得る神なり
いざ助けよ　汝が友を
イエスは救わん　愛もて
（新聖歌四三五）

と、賛美が出るのだった。

こうして大島での集会は始められ、夜は伝道会や聖別会、あるいは宣教大会が開かれた。集会が終わると、三々五々ひとりで主の前に出る者、あるいは導きを求めて個人伝道を受ける者、あちらこちらですすり泣く声が聞える。あそこで悔い改め、献身を新たにし、伝道者、牧師、宣教師になったものが何人いるかわからない。いや語る者自身が主の前に出されるのであった。

チャプレン（?）の派遣

どうやら整地はできたが建築確認がおりず、2年間（?）放置されたままであった。そこにニュージーランドからホーリヤ師一家がキャンプ場建設のためにと、家も農地も売り払って来日された。これでは教団もじっとしては居られないと当時の教団委員長が先頭に立たれ、祈り、教団全体の事業として教団のキャンプ場建設に立ち上がった。献金も集められたが、教団として初めて「教団債」も発行した。神は祈りに答えてくださり、ようやく建築確認もおりた。ハレルヤ！

T教会のU工務店が羽村の古材を高く見積り建築を請け負ってくださった。こうしてようやくホーリヤ師の活躍の場ができた。そんなときS師から「通訳兼食事作りに一年でいいけど大島に行ってくれる人はいないかな?」と耳元で囁かれたF師。自分がキャンプで救いを確かなものにしていたこともあり、「いいですよ」と快諾してしまった。これでF師の大島行きが決まった。

最初は民宿に泊まり、まず飯場を建て、食堂棟、風呂兼トイレ棟、そしてチャプレンハウス（管理者棟）が建てられたのが1974年のことである。

泉の家が形をなしてきそうになったとき、留守番もでき、潮風に吹き曝《さら》される場所にあるため、メンテナンスもでき、しかも、いつだれが来ても相談にのってあげることができ、集会の指導もできる人が必要だった。なかなかそういう人はいないが、手をこまねいているわけにはいかない。そこで白羽の矢が立てられたのがF・A師であった。F・A師は最初はお母さまも同島しての赴任であった。といっても、まだ住む場所もない。年老いたお母さまが、飯場の食事係を一手に引き受けてくださった姿が、わたしの脳裏から離れない。それが無かったならば、今の泉の家はない。

しかも「チャプレン」とは名ばかりで、実際は土方仕事から大工仕事、よろず屋であり、便利屋、「何でも有り」にへりくだって仕えてくださった。夏のキャンプの時には大勢やって来る。今度はチャプレンどころか食堂を切り盛りしなければならない。メッセージしたかったことが何度あったことだろう。でもそれは彼には、なかなか廻ってこなかった。そして、キャンプが終り大勢が帰ってしまうと独りぼっち、呼べど叫べど返ってくるのは波の音ばかり……。どんなに孤独だったことだろうか。それを何人が理解していただろう。しかしそれゆえにこそ、心痛む者を快く迎え、心ゆくまで休ませ、話を聞き、新しい希望を持って彼らを帰らせることができるのである。

「第1回」の高校青年キャンプがもたれた時のことが、『りばいばる』誌1974年9月号に掲載されているので抜粋してみよう。

高校青年キャンプが大島泉の家で行われました！

例年にない長雨で工事が遅れ、8月5日からの高校キャンプが泉の家で行われるのが不可能ではないかと思われました。間際になって、他に場所を借りることもできません。工事現場でキャンプを行なうことは両者にとっても困難なことでしたが、却ってそれが功を奏して、主のすばらしい恵みのわざを数々拝することができました。

高校生が到着したときには電気の器具さえもなく、水道の蛇口もない有り様でした。しかしその夕方には器具が取り付けられ、明々と電気がつきました。水道も使えるようになりました。ガスも使うことができるようになりました。若者たちの間からドーッという歓声が上がり、劇的なシーンでした。

貯水槽の穴掘り

神さまはそこを祝福してくださった。そのためには大きな犠牲があった。ある教会では、牧師を先頭に壮年たちが大挙して、毎年のようにワークキャンプを行なった。

大きな貯水タンクを設置するのに、どんなに苦労したことかわからない。島だから、水は貴

大島泉の家

重だ。雨水の一滴もむだにならない。貯水槽を地下に作ることになった。そのために聖書学院の修養生が派遣された。〔他の修養生は伝道しているのに、自分は穴掘りか？〕と思ったこともあったに違いない。しかし、そこが神の恵みの場なのだ。以来何十年にわたって用いられ、神はそこを祝福してくださっている。

こうして作られたのが「大島泉の家」である。これからも、キャンプだけではなく、ここで恵みにあずかり、ここで休息を与えられ、ここで癒され、ここで主を見出す人々が、ひとりでも起こされるならば、まさにそこは「泉の家」なのだ。あれから30年を超えたが、今も用いられている。

祈られ、聖別された場所

ときには中学生だけで１５０人を超え、一回ではできないので「中学第一キャンプ」「中学第二キャンプ」となったことが何回もあった。北は青森から西は名古屋や大阪からの参加者もあった。

　そこにも大きな犠牲があったが、そこで救いにあずかり、教会や教団のために、否主のために献身を決意し、牧師になったり宣教師になった人がどんなに多いことだろう。神は祈りや犠牲を決して忘れたまわない。

　四国でも関西でもキャンプ場の建設がなされるようになった。特に琵琶湖畔にキャンプ場が建設されるとき、名古屋の牧師は毎週のように高速道路を車で飛ばして建設に携わられた。あるとき、その牧師に、

「どうして名古屋から琵琶湖畔までそんなに行くんですか？」

と聞いたことがあった。するとその牧師は、

「名古屋から大島に子どもたちを送り出すと、不思議に神さまのお取り扱いをいただいて帰るんですよ。どうしてだろうと、考えました。確かに、すばらしい講師が揃っていることもあるかもしれない。しかし、わたしは思ったのです。『あそこは、祈られ、聖別された場所なのだ』と。」

　やはり、祈りが積まれ、犠牲が払われ、聖別された場所には主の目が注がれているのだと知った。

4

わが家のことなど　1968年〜

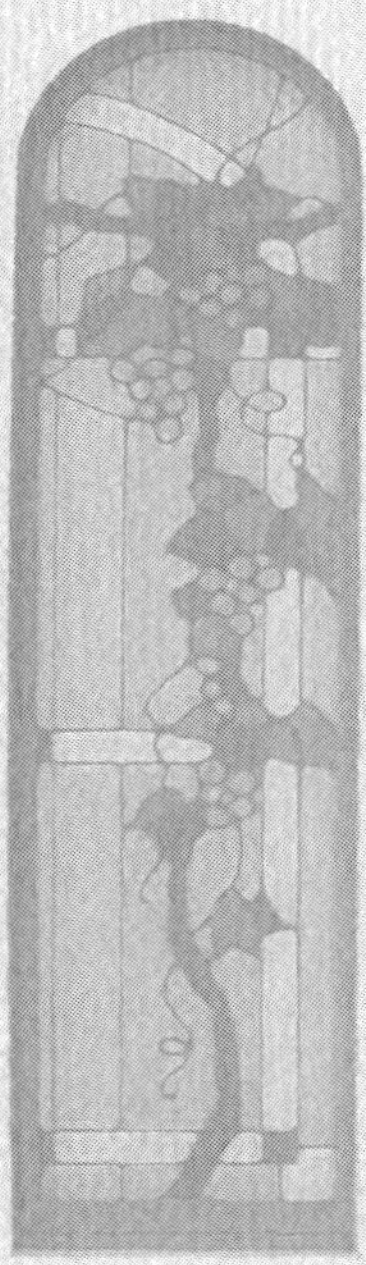

あの子が泣いた！

八木重吉の詩集に『神に呼ぼう』（新教出版社　１９９６年版）というのがある。その中に、

　みんなも呼びな

さて、
あかんぼは
なぜ、あん　あん　あん　あん　なくんだろうか

ほんとに
うるせいよ
あん　あん　あん　あん
あん　あん　あん　あん

うるさか　ないよ
うるさか　ないよ
よんでいるんだよ
かみさまをよんでるんだよ
みんなもよびな
あんなに　しっこくよびな

大阪の鴫野にある城東教会（現大阪栄光教会）は、講壇の後ろがガラス戸とカーテンで仕切られて牧師館（室）になっており、集会中基本的には子どもたちはその牧師館に居ることになっていた。だから必然的に、静かにしていなければならなかった。集会中にけんかをして大泣きでもされたら、説教どころではない。そのためにわたしたち［わたし］の考えたことは、「泣いてはいけない。泣くなら、声を出さないで泣きなさい。」という拷問にも似た要求だった。そのためにある息子は、ほとんど泣かなかったか、否泣いても声を出さなかった。これは確かに子どもにとっては、拷問だったに違いない。習性というものは怖いものだ。それが東京にきてからも続けられていた。

深川教会に赴任してどの位経っていただろうか。子どもたちは仲良く（大騒ぎしながら）平凡な日々が続いていた。東京にきて日の浅いせいもあってか、お兄ちゃんの後をふたりが追いかける日々が続いていた。

「車に気をつけなさいよ。」

「はーい。」

元気よく3人出かけていった。しばらくすると、近所の方が飛んできて、

「お宅のお子さんが車にはねられましたよ！　早く早く！」

びっくりして飛び出していくと、

近くの十字路で息子がうずくまっていた。運転手もどうしていいか分からず、青ざめている。

「どうしたのよ○○ちゃん。」

「……。」

兄は向こう側に行っており、それを追いかけて行こうとしてはねられたらしい。やがて救急車がきて病院に向かった。診察の結果足を骨折しておりギブスをはめられ、入院を余儀なくされた。まだ五歳だったのではなかろうか？　母親といっしょに入院することになった。

今まで兄や弟に母親をとられて泣いたこともほとんどなく、泣いても、父親から

「声を出さないで泣きなさい。」

と言われ（拷問され）ていたのが一気に解放され、母親を独り占めにできるのだ。その晩はじめて母親の胸の中で思いっきり泣いた。しかし、早く帰りたい。その結果、二晩で退院（?）ということになってしまった。以来声を出して泣くことができるようになったばかりか、ちょっと都合が悪くなると、

「足が痛いよー」

というようになった。泣くことのすばらしさを知ったようだ。

それにしても、わたしたちは神さまの前に泣くことを知っている。どんなことでも、格好つけずに泣いていいのだ。それればかりか、神はわたしたちの涙を知り、ご自分の革袋に蓄えてくださっている。なんとすばらしいことだろう。主の前に思いっきり泣こうではないか。


これで学校に行けるの？


「〇〇は一年生になれるのかな？」

「平気、平気、大丈夫！」

本人は至って平気、だが親は心配でたまらない。

兄たちについて、

「友だち百人できるかな?」の気分で、何とか入学式も終わり、元気に登校をはじめた。

ところが、まだ勉強もまともに始まらないのに、毎日のように手の平《ひら》やひざ小僧に、「×」や「○」を赤で書いてもらって帰る。

「今日は何をしてお丸をいただいたの?」

「今日のバッテンは何かな?」

彼の答えはよく覚えていないが、あまり褒められたことではなく、今推測するにおしゃべりをしていて、先生の話が聞けなかったようである。

ある日母親が急用で学校に行くと、驚いたことに小学校に入学したばかりの自分の息子が、机ごと廊下に出されているではないか。母親は
〔かわいそうにー〕

という気持ちと
〔何をまたしでかしたんだろう、この子は?〕

という何とも言えない複雑な気持ちであったが、見て見ぬ振りをして帰宅してきた（たいした度胸だ）。本人からは詳しいことはその時は聞かなかったが、何年かたって、

「一年生のとき、こんなことがあってお母さんびっくりしたけど、覚えている？」

と聞くと、

「全然覚えていない」

という。まあ、覚えているような子だったら、叱られるようなことはくり返さなかったことだろうが……。

わたしたちにとって「忘れる」ことも、一つの秘義だ。神さまは「もはや、彼らの罪と彼らの不法とを、思い出すことはしない。」とおっしゃっているのだから……。神が思い出されないものを、わたしたちがいつまでも古傷をなめ回しているのは自己憐憫に過ぎないばかりか、神の恵みへの不信なのだ。

はみ出しっ子

先生や親の言うことをきちんと聞かなければならないことは、本人もわかっているはずである。しかし、子どものうちにはさまざまな伸びいく力が秘められており、何でも決められた「枠」

からはみ出そうとする心があるものだ。否、「枠」があるからはみ出そうとするかもしれない。「夜は早く寝て、朝早くおきて、まず神さまのお声を聞くこと、神さまのお声は、どうしたら聞けるのかな？　聖書をちゃんと読んで、お祈りをすると聞けるでしょう。さあ、朝の時を大切にしなさい。」

母親は自分の心に言い聞かせながら、子どもたちにもよい習慣がつけられるように、祈りながら「生き方の秘訣」を毎日のように教えたのである。

しかし、親の願いのようにはなかなかいかなかった。

食事を前にしてテーブルに座ると、トタンに木琴ならざる箸でお茶わんや皿、コップとたたきだすのだ。音楽のことなどさっぱりわからない親にとっては、賑やかな（騒々しい）だけであった。

大体わたしたち夫婦は音楽のことなど全く分からないふたりなのだ〔いや自分ばかりなのかな？〕深川に来て40年、いまだに「先生、先生が大きな声で歌い出すと、それに釣られて間違って歌ってしまいますから、あまり大声で歌わないでください」といわれる始末なのだ。

ところが神さまは、実に不思議なお方である。その息子がさまざまな道を迂回し、後に小学校の教師になり、痛み、悩みを乗り越えて、多くの方々の祈りに支えられて今は聖書学院の事務をする傍ら音楽の講師もしているとは、夢のようだ。

親の「枠」にはまらなくてもいい、神さまから与えられた無限の可能性に向かって、一歩でも二歩でも前進してもらいたいものである。いや、わたし自身が神さまの「枠」からはみ出ているのではなかろうか。そういうわたしを今日まで支えてくださった。なんと感謝していいかわからない。

カルガモ

東京にきて2年、四人目の男児が与えられた。感謝であるとともにさあ、大変。四畳半と三畳に六人は厳しかった。まあ、にぎやかなことにぎやかなこと。さすがのお隣さんも我慢の限界にこられたようだ。

「うるさいわね、あなたのところは。なんとかならないのかね。」

「すみません、すみません。」

謝るところしきり。

そんな折り、だれかから隣りの東陽町に高層の都営住宅ができ募集しているので、応募してみてはどうかというニュースが入り、早速役員会に了解を得て応募すると、なんと見事に当選し、そこに入居することになった。そこから教会に通勤である。
引っ越して何日目かのことである。生後一年にならない末っ子を抱いて、3人の子どもを連れてエレベーターに乗った。ところが、そのエレベーターが途中で止まってしまった。非常ベルを何度押しても返事がない。時は夏の真っ盛り。汗は吹き出る。子どもは泣きだす。呼べど叫べど返事なし。若いとはいえ、生後一年になろうとする子どもを抱いて閉じ込められたのは大変だった。

そんなことがあっても、普段はまだよかったが、火曜日、木曜日、土曜日は早天祈祷会がある。そのために、まず自転車を走らせて五時半までには教会に。終ると大急ぎで家に帰り朝食を済ませまた教会に。家内はひと足遅れて教会に。子どもたちは学校や幼稚園の帰りに教会に立ち寄り、5時過ぎまで教会にいる。それから6人でゾロゾロ帰るのだ。それはまるでカルガモの引越のようであった。ときにはケンカしながら、ときには賛美しながら……。帰りがけに立ち寄るパン屋さんや八百屋さんにはすっかりなじみになってしまい、立ち寄らないと、

「このあいだは、どうしたんですか?」

と心配してもらえるようになった。それも今は懐かしい思い出である。

聖書には「神のなされることは皆その時にかなって美しい。」(伝道の書三11)、「神は、神を愛

する者たち、すなわち、ご計画に従って召された者たちと共に働いて、万事を益となるようにして下さることを、わたしたちは知っている」（ローマ八28）とあるように、「すべての事よからざるなし」である。

サインは逃すな!

息子のひとりがまだ5才の夏のことだった。いつものようにお祈りをして寝ようとして母親の許にきた。

「○○ちゃん、今日は珍しく一日中外で遊んでいたのね。なにをして遊んでいたの?」

との母親の問いに、

「ワーン」

と大声で泣き出した。

「○○ちゃん、どうしたの?　なにかあったの?　お母さんに話して……。」

と優しくいうと、さらに大声で泣くありさま。

「………。」

「どうしたのよ、話さないと分からないじゃあないの?」

やっと、涙でくしゃくしゃになった顔を母親に向けて、なにかを訴えているようだ。

「どうしたの？　いってごらん。お腹でも痛いの？」

と念を押すと、はじめは首を横に振っていたが、やがてせきを切ったようにして話し出した。

話の要点は、大体次のようなことだったようだ。

〈きょう、近所の小学生のお兄ちゃんたちと遊んでいるとき、アパートの前に一台のトラックが止まっていた。その運転席から、仲間のひとりが缶に入ったお金を盗んだ。それから裏道に廻り、お店に入ってお菓子を買い、お店の倉庫のような所から缶ジュースを盗んで飲んでしまった。〉

昼間遊んでいるときにはそれに夢中になりすっかり忘れていたが、

「お祈りしましょう。」

といわれると昼間の出来事を思い出し、幼い胸を締めつけ、どうすることもできなかったのだ。

事情を聞いた母親は大きなショックを受けたが、幼い子どもの心はもっと痛んでいた。

みんな正直に話してくれたことを認めたうえで、罪の恐ろしさとイエス・キリストの十字架と復活によるあがないの完成を聞かせ、主イエス・キリストによる救いを信じ受け入れて、それに頼るように励ましたのだった。

母親の話を聞きながら、息子は泣き通しだった。母親も泣いた。

「さあ、○○ちゃん、イエスさまの言葉を聞きましょうね。『子よ、しっかりしなさい。あなたの罪はゆるされたのだ』。」

「……………。」

「もう一度いうわよ、いい。よく聞きなさい。」

「さあ、いい。イエスさまはゆるしてくださったのよ、わかる？　安心してお休み……。」

さっきまで泣きじゃくっていた息子は、それを聞いて、すっかり安心した様子で眠った、親の心の痛みもすっかり忘れて、静かな寝息を立てながら……。

翌朝。ふたりはお店にゆるしを乞うために出かけた。幼い息子の記憶をたよりに、あちらこちらと何時間も探したのだが、よほど入り組んだ所だったのか見出すことはできなかった。汗とほこりでドロドロ、クタクタになったからだを持ち帰った彼は、罪の重さを改めて知り、さらに罪がイエスを苦しめ、どんなに親を悲しませることなのかを知ったことだろう。

あの晩、

「何くだらんことで悩んでいるのよ、そんなこと済んでしまったことでしょう。これからしなければいいんだから、いつまでもくよくよしないで、早く寝なさい！」といっていたら、どうなったことだろう。息子の救いのチャンスは失われていたであろうし、心の傷はいつまでもいやされることはなかったであろう。

子どもは救いを求めて、必ずサインを出す。そのサインを見逃したり、無視したりしないようにしなければならない。これは大人に課せられた責任であり、また課題でもある。

鶏舎の鶏ではない

子どもが小さい時に特に心がけたことは、偏食しないことと、ひとりでも多くの友だちと遊ぶことだった。

食べ物については幸か不幸か、「好きだ」、「嫌いだ」といっていても有る物しかないのだから、有る物を食べる以外にお腹を満たすことはできなかった。また友だちについても、日曜日はどこに連れて行くこともできなかったが、週末にはよく女の子も遊びにきた。女の子の来訪は、女の子のいないわが家にとっては大きな刺激であり、慰めでもあった。

やがて4年生、5年生になると、それまでよくきていた友だちがみな塾に行くようになった。だから息子たちも当然行きたいようであったが、そんな余裕はないのが実情でもあった。

「塾には行く必要はないと思うよ。お父さんは特別な場合を除いては、反対だよ。塾に行って、次から次へと与えられなければ勉強できないんだったら、勉強しなくても良いと思うよ。」

「これは今考えると、ちょっと屁理屈だったのかなー」

と思うのだが、当時はほんとうにそう思っていた。

人は鶏舎にいる鶏ではない。

「さあ、時間ですよ。これを食べなさい。ハイ、次はこれ……。」

とあてがわれてやることではないように思っていたからである。

よく地下鉄などに乗ると、学校から帰ったかと思うと、またカバンを提げて、度のきつい眼鏡をかけて本とにらめっこしているのを見ると、大人の犠牲になっているように思われて、たまらない思いになったことがある。

人にはそれぞれ神から与えられた能力とタラントや才能がある。みな同じでなくてもいい。いや違って当然なのだ。違っていなければならないのだ。みな社長に成れるわけではないし、みな政治家に、みな学者になる必要はないし、自分でほんとうにそれをやりたければ、そしてやれるだけの才能があればやればいいし、やらなくてもいいのではなかろうか。要は、神から託されたものを開発してやればいいと思った。

――それも昔の物語、今では公立の学校でも塾の講師を招く時代。時代の流れを感じるなあ。でもいわゆる「成果主義」には一つの疑問を感じるのだが……。

「鈴虫が生まれたぞ！」

大都会に住むとお米がどうしてできるのかや、虫やチョウの生態を知ることが少ない。それだけに、無感動、無関心といわれても仕方がない。なんとか小さい時から当たり前ではなく、驚きを経験させたかった。朝顔の種をまけば、やがて芽を出しつるになり、棒に巻き付き、花を咲かせ種を実らせる。こんなことは大人にとっては当たり前のことであるが、ともに、

「どうしてなんだろう？」

と疑問を持ち、

「あれ！　つるが棒に巻きついている？　どうしてかな？」

と共に驚いた。

あるときは鈴虫を飼育したことがある。5、6月頃になると、まったくかわいい幼虫がどこからともなく生まれてくる。

「おーい、来てみろよ。鈴虫が生まれたぞ！」

小さな顔は、一斉に虫箱に集まってくる。

「いないよ、なんにもないよ。」

「よーく見ろよ。」

「どこに？　いるか？」

「アッ、いたいた、いたぞ。でも黒くないよ、白いよ。」

「それが幼虫というんだよ。」

と兄はわかったような口をきく。

「こんなに小さいのが……。何を食べるんだろう？」

みんな興味津々だ。

「調べてみよう！」

早速みんなで昆虫図鑑に飛びつく。

こうして命の尊さと生きた学びをなるべく重んじてきた。あのときの子どもたちの輝いた顔……。小さいときだけでも、驚きと感動を持たせてやりたいと思った。

蹴飛ばされたり、歯を折られたり

息子たちは割合仲が良かったようだ。前著で触れたように開拓伝道のはじめはかなり厳しい生活を強いられたので、小さい子どもだけで留守を守らせたこともあった。当時、4才、2才、1才であったが、やがて長男は幼稚園に行くようになり、次男と三男が家に残されることもあった。未だおむつの取れない弟とふたりで大泣きした。ときどき困ったこともあったようであるが、でも親がいないと案外仲良く（?）やっているようだった。

しかし、そこは未だ子ども、ときどき（どころかしょっちゅう）ケンカをしたし、自己主張丸出しでぶつかり合うと、取っ組み合いになるのだった。

小学生の頃、ふたりはよく口論した。弟はよく口が立つのだが、敗けていない兄は応戦する。そしてついに兄の足が飛び出し、弟を蹴飛ばしてしまった。当り所が悪かったのか、大げさだったのか他人にはわからないが、うずくまって動こうとしない弟を見た兄はどうしていいかわからず当惑している。

［これは放っておけない］

と思った母親は、すぐ病院に連れて行って事無きを得た。やれやれ！やってくれるね！

でもわたしたちは、男の子ばかりであったので、ウソには厳しかったが、ケンカはかなり大目に見てきたつもりである。それはケンカの限界（どこまでやったら止めるのか。例えば、昔は「降

参！」といえば止めたものだ）を知らせたかった。今のケンカは、いのちに関わることもあるから
そうはいっては居れないが……。

人の品格

『国家の品格』の中で藤原正彦は、

「父は『弱い者を救う時には力を用いても良い』とはっきり言いました。ただし五つの禁じ手がある。一つ、大きい者が小さい者をぶん殴っちゃいかん。二つ、大勢で一人をやっつけちゃいかん。三つ、男が女をぶん殴っちゃいかん。四つ、武器を手にしてはいかん。五つ､相手が泣いたり謝ったりしたら､すぐにやめなくてはいかん。『この五つは絶対に守れ』と言われました。しかも、父の教えが非常によかったと思うのは、『それは何の理由もない』と認めていたことです。『卑怯だから』でお終いです」

と言っている。（新潮新書127頁）

ケンカの原因は、それぞれ互いに違った意見を持っていることの証拠だったからである。たとえ、他の人と違った意見でも、それを発表することは大切である。そのことによって、世の中には自分と違った考えを持っている人がおり、自分の主張や思想を絶対化してはならないこ

とを、肌身で知ることになるからである。そうして、お互いを尊重するようになる。何でも兄の意見に「イエス」であり、自分の意見を持たず、また持っていてもそれを発表（表現）しないのも困る。だから、意見の衝突は大いに認めた。しかし、それと共に他の人の意見にも耳を傾けなければならないこと、何でも自分の思うようにはいかないことが多いことも体得して欲しかった。

激論の後の祈り

こんなこともあった。

日曜日の夜の伝道集会には、女性や遠くに引っ越された方々はなかなか来れなくなった。毎日夜9時になるとわが家の「ティータイム」、そこでは何でも話すようにしていたが、子どもの成長と共にそう時間がとれなくなった。そこで日曜日の夜は、わが家だけで家庭集会を開くようにした。そこでは日頃感じていること、思っていること、なんでも話してもいいことにしていた。

ちょうどその日は、朝の礼拝に勤務の都合で出られなかった姉妹がおいでになった。だからといって、プログラムを変えることはしない。いつものように長男の司会でプログラムは進められていった。

ところが、どこからどうなったか定かではないが、急に雲行きが怪しくなってきた。口論が始まった。止まるところを知らない。さすがの姉妹も、度肝を抜かれたようだ。

「○○さん、驚くことはないんですよ。いつもこうですから……。心の中にしまい込んでおかないで、吐き出したほうがいいですよ。吐き出したら、イエスさまが始末してくださいますから……。」

さあ、祈りのときがやってきた。一人びとりみんな祈るのだ。激論を交わしていた者たちも、主の前に出ると、

〔やはり言い過ぎだったかな?〕

〔○○の言ってた方が正しかったかな?〕

と光が当てられ、いつの間にか涙の祈り会となることがしばしばだった。

なかなか相手の立場に立つことは難しいものだが……。

登校拒否か?

「イジメ」はいつの時代でも、どこの世界でもあるが、だれもがそれに耐えられるとは限らず、

痛む者、弱い者の味方になるのがクリスチャンであり、教会なのだが、現実はなかなか難しい。子どもは多くいても、性格やその表現方法はみな違う。ある子は、どんなことがあっても表面的には平然としていた。しかしある子は、毎日のように泣かされて帰ることもあれば、当るところがないので、帰るなりぷりぷり怒り出す子もいた。

「もう、あいつはいやだよ……。」

「もう、学校なんかいくのはいやだよ。もう、絶対にいやだよ。もう、絶対に許せない！」

と、家中に不満をまき散らす。しかし、こっちはいちいち構っておれないので、放っておいた。ところが、ついに学校に行く時間になると、決まったようにお腹が痛くなる。登校拒否だ！当人はほんとうに痛いのだ。しかし当時は、そのことがまだわからなかった、否、わかろうとしてやれなかったわたしは、その時にはその子の気持ちもわからず、

「辞め！　辞め、学校なんか行かなくてもいい。無理して行くことはないよ。おまえが行かなくても、だれも困りはしないよ。おまえが行かないからとて、学校は潰れるようなことはないよ。」

と取りあわなかった。すると、

「行くよ、行くよ、行けばいいんでしょう！　フン。」

と辛い心を抱えて行くのだった。

他の兄弟たちも、こうなったら「君子危うきに近寄らず」だ。しばらく沈静化（?）するのを待つ以外にない。しばらくだれもなにもいわないと、さすがの彼の心もおさまり、自分が悪いと思ったのか、

「お母さん、ごめんなさーい。」

とうつむいて出ていく。そこでやっと、

「どうしたの？　なにがあったの？　いってごらん？」

と母親に促されて、彼は話し出した。要点はこうだ。

〔親友のひとりが自分に急に冷たくなり、自分のいうことに一向に耳を傾けてくれない。〕

一応事情聴取（?）した母親は、

「〇〇君、人にはそれぞれに生き方があるんだよ。友だちがみんな自分の思い通りになると思ったら、大間違いよ。どんなに親しくしていても、その人の心の中に土足で踏み込んで行く権利は、だれにもないはずよ。わたしたちがそこに入り込んでいこうとすれば、反発を食うのは当たり前よ。そのことは〇〇にもいえることでしょう。

それに、友だちの行動によって、いちいち自分が振り回されることはないのよ。確かに裏切られたと思ったら（実はそうでない場合が多いけど）辛いことはあるでしょう。それに打ち勝たな

ければ、そういう自分に打ち勝たせていただかなければね……。そして彼の生き方も尊重してあげなければね……。さあ、今日は祈ってゆっくり休み、明日も主を見上げていきましょう。」

「………。」

しばらくふたりで祈って、床についたと思ったのだが、

「やっぱりダメだよ。ぼく、もうダメだよ。」

と同じことをくり返すのだった。

こんなことも成長期の一断面だと思っていたのだが、思ったより彼はこれによって大きなダメージを受けていたようであるが、そのときにはそれを知る由もなかった。

どんどん陰湿になっていくイジメにどう対処したら良いのだろうか。こうして大きな傷を受けた子も、長い長い痛みの末、親はなにもしてやれなかったが、多くの方々の祈りと、主の癒しをいただいて主に仕えている。しかし、癒されないまま、取り返しのつかないことのあることも知らなければならない時代になった。心しなければならない。

神の傑作

クリスチャンホームの子どもたちは、割合厳しく育てられている場合が多い。しかし、それ

が変形してくると怖い。

ある子は、小学生時代に新生を経験し、それまでも聖書をよく読んでいたが、新生してからは、さらに拍車がかけられ、ときには一年に二回通読するなど、順調に成長しているかのように親の目には見えた。

ところが、中学生になると、どことなく異常な行動をするようになった。目はうつろになり、どことなく生気は失われ、ときどきテーブルや柱に触ったといって、

「ごめんなさい。ぼくの手が触れて汚したのかもしれない。」

といってハンカチで拭く……。

「ごめんなさい、ぼくの唾が飛んだかもしれない。」

といって、テーブルの上や新聞さえも拭くようになった。まったくその行動は異常だった。

そんな日が何日も続くので、わたしたちはまったく困惑してしまった。

「やはり、医者に連れて行ったほうが良いかもしれないね……。」

と話し合ったりもした。

「一二年間も、なんの問題もなく育ってきたのに、もし……。どうしよう」

そんなことを考えると、不安で不安で眠れない夜が続いた。途端にわたしの方が下痢だ。だ

らしのない父親だ。
彼がそうなるには原因（？）らしいものがあったようだ。それは後になって、本人が証しした
ことであったのだが、
中学生にもなれば、異性に関心を持つのは当然であり、それ自体異常でもなんでもないのだが、
ある日理髪店に行き、待っている間にそこに置いてある大人用の週刊誌を見ていた。すると、
そこの店の人が、
「まだ、あなたはそんなもの見るもんではないでしょう。」
といわれた。
〔見てはならないものを見てしまった〕
それはそれは、彼にはショックであったらしい。それ以来、罪意識にさいなまれるようになり、
それが異常な行動となって現れたようである。
そんなことは、そのときまったく知らなかったが、その晩、
「お父さんと一緒に風呂にでも入ろうか？」
と誘うと、彼は素直に、
「うん」

といってふたりで一緒に風呂に入り、自分の中学生時代のことを思い出しながら、わたしたちは神の傑作であり、神のかけがえのない作品であり、異性に関心を持つことは少しも異常ではないこと、否むしろ健康的でさえあること。しかし、性は神聖なものであり、全人格的なものであり、決して衝動的であったり、自分でコントロールできないようでは困ること、生きることはある意味において自分との戦いであることなどを話してやった。

それですべてが解決したわけではなかったが、それ以来見違えるほど落ち着きを取り戻したように見えた。そして、その年の三月のスプリングキャンプに参加し、親の目にはその問題にも勝利を与えられて帰ってきたようにみえた。

僕だって我慢してきたんだ！

ある先輩の牧師が、こんなことを言われたことがある。

「わたしは最初の子が与えられたとき、天にも昇る思いで、自分の愛情をその子に一心に注いだ。ところが、やがて2人目が与えられたことがわかったとき、はたと困った。

〔自分の愛情は2人目が与えられたことにより二分され、二分の一ずつになるだろうか？〕

ほんとうに悩んだ。しかし、実際生まれてくると、はじめての子にも、ふたり目の子にも同じように、全愛を注ぐことができたのである。愛情というものは、実に不思議なものだよ。」

わたしたちにも４人の子どもが与えられた。それぞれ個性が違い、好みも違えば、要求も違う。何でも親の懐具合等には一向にお構いなしに、まったく無邪気に（？）要求してくる者があるかと思えば、親の顔色を見て、自分の要求を引っ込めてしまう子もいる。あるいは、どうせいってもダメだろうと、半ばあきらめている者もいる。また、同じ子どもでも時によっていろいろである。

そうなると、親も限られた財布なものだから、「陳情合戦の激烈な者から先に」ということになりかねない。別にそう意識しているわけではないが、結果的にはいつまでも我慢させられる子も出てくることになる。そうなると、マグマもたまると大爆発を起こす。

「お母さん、ぼく修学旅行に行くのに、コートが欲しいんだけど……。」

その先がなかなか出ない。親の懐具合を気にしているのかな？

「うん、いいわよ。それじゃあ学校の帰りに待ち合わせて買いに行きましょう。」

と母親はあっさり答えた。拍子抜けしたかもしれない。

高校２年になった息子は、

〔ぼくはこれが欲しい〕

というこことがほとんどなかったので、母親も二つ返事でＯＫ！　早速デパートへ。

一一月の中旬、買い物に出かけたふたりに、デパートの店員は素敵なコートを持ち出してきてくれた。

「この学生さんには、これがいいですよ。」

しかし母親のまず見るところは値札、とても手が届きそうもない。内心驚いたが、そこは母親、
平静を取り戻して、

「これじゃー、ちょっと似合わないから高校生らしいのを……。」

といわれて、出して着せてくれたもののちょっと地味（それに値札が……）。

「これはお父さんにちょうどいい感じね……。」

この人たちはダメだと思ったのか、やっと案内されたのは学生服売り場。

「ああ、これが高校生にふさわしいコート……。」

やっぱり、まず見るのは値札。それを見抜いていたのか、本人も、

「もう、これでいいよ……。」

といったので、それを買い求めて帰ってきた。

しかし、その晩息子の様子がおかしい。なにが不満か知らないが、いやに母親にひっかかってくるのだ。

「〇〇、言いたいことがあるならなんでもいいなさいよ、お母さん聞いてあげるから……。」

しばらくの重苦しい沈黙が続く……。

おもむろに口を開き、やがて一気に溜まっていた不満をまくし立てた。その中には、母親に対する厳しい批判もあった。そして、

「ぼくだって、我慢してきたんだ。」

といった一言はわたしたちの心を刺し貫いた。母親に吐き出してしまった。そして、それをきっかけに考えることができた。

「この子は小さい時からじっと我慢し、自分の思いも押し殺し、どんなことにも耐えてきたのだ。この子の立場に立ってみれば、なるほどと思われることばかり……。

「そんなにいって、お母さんを困らせてはダーメ。」

と「あれが欲しい、これが欲しい」という兄をたしなめていたこの子。ああ、今までずーっと我慢してきたのか。あの時も、この時も……。」

と思い当たることばかり……。

〔辛かっただろう。我慢にも限界があるから……。その子のすり切れた学生服が目の前にちらつく。そうだ。新しい制服を何としてでも買ってやろう〕

夜は更けていたが、母親はその息子とふたりだけでお茶を飲みながらしんみりと話し合った。「わたしは、あなたがどんなに我慢してきたか知っている。周りの友だちがどんなに豊かであっても、あんたはつつましくやって来たのもみている。それに今年のスキー旅行も、お父さんやお母さんに相談しないで、自分でクリスマスの時だし、無理だろうと判断して断ったことも、ちゃんと知っている。去年からうんと成長したなーと喜んでいた。それをよいことに、あんたに我慢させてきたんだね」

と、その子のあり方を精いっぱい認めて話し合った。

そのとき、わたしたちに主は愛する対象が、その子独りしかいないように愛してくださっていること、そしてわたしたちも一人ひとりをその子独りしかいないように愛することを教えてくださった。

わたしたちは、子どもたちが一日も早く主のお喜びになるように成長してほしいと祈っている。それはやせ我慢ではどうにもならない。「信仰によって、モーセは、成人したとき、パロの娘の子と言われることを拒み、……キリストのゆえに受けるそしりを、エジプトの宝にまさる富と考えた」（ヘブル一一24、26）のだ。辛い我慢ではなく、神の愛を知り、キリストを知ることの絶大な価値のゆえに、喜んで主の道を選び、主に従って行く神のしもべとされるように、今日も祈っている。

しかし、これはまたわたしたちのために主が祈っておられることではないだろうか。「御霊もまた同じように、弱いわたしたちを助けて下さる。なぜなら、わたしたちはどう祈ったらよいかわからないが、御霊みずから、言葉にあらわせない切なるうめきをもって、わたしたちのためにとりなして下さるからである。」（ローマ八26）

人の愛は自己愛に傾き、そのときによって変り易く、限界があるが、神の愛はいわゆる自己犠牲ではなく人知を超えた自発的な愛であり、わたしたちの先を見越した愛をもって今日も執り成しつついてくださる愛であることを、今更のように知らされるのであった。

うっかりした約束

わたしたちの家庭では、不文律であったが、一度約束したことは必ず守る、実行することにしていた。

例えば、

「習字をはじめたい。」

「エレクトーンを習いたい。」

といい、その思いが何か月も変らない場合には、できるだけ、また許される限り応じてやりたいと思った。しかし、「やる」と決めたら、少なくとも一年間は続けさせた。

それは、わたしたちの信仰の土台は、神の約束である聖書のみ言葉を信じ、これに従うことにあるからである。神は、ご自分の約束を実行されるためには、ご自分のひとり子さえも犠牲にされたのだ。神は必ず約束を果たされる。それを信じることが、信仰だからである。

わたしたちも、何をしているのか、何ができるのかも大切であるが、それ以上に「誠実」であることはもっと大切である。詩篇の記者も、「聖なる山に住むべき者」として、

「誓った事は、自分の損害になっても変えることない者」

であると、いっている。この「誠実さ」こそ神がわたしたちに求めておられることなのだ。

ある日、息子に、

「○○高校に合格できればピアノを買ってやってもいいよ」

と、つい気軽に約束してしまった。それは、当時の彼にはとてもできそうでなかったからである。

ところが、一年あまり経って、事態はとんだ方向へと発展していった。その子がやり遂げたのである。

「できたよ、お父さん。ピアノ買ってくれるよね、約束だものね……」

と、やんやの請求である。しかし、ピアノは3万や5万で買える代物ではない。でも「約束」は「約束」である。それを実行しなければ、わたしが語っている神の約束に対する信仰も、神に対する誠実さも失ってしまう。といって、すぐ買うだけの資金がその時のわたしたちにはなかった。

「うん、わかっているよ、買ってやるよ」

とはいったものの、その時にはほんとうに困ってしまった。妻からは、

「お父さんは、なんでも簡単に約束なんかするからよ」

と責められるし、まったく居場所がなくなった。

ところが『窮すれば通ず』というのか。幸か不幸か、その時はピアノの置き場所がなかった。

「うん、わかっているよ、買ってやるよ」

「買ってくれるの、ほんとうに！　いつ、いつ……」

「うん、約束したんだからね。しかし、今はピアノを置く場所がない。場所ができたら、買いましょう……」

「なーんだ、今じゃあないのか？」

「だって、買っても置く所がないでしょう」

というようなことで、一応その場は収まった（？）かに見えた。しかし、そういうまやかしは、いつまでも続くものではない。

一年半ばかり経って、とうとう置く場所が与えられてしまった。（「しまった」というのもおかしいが）しかも、一年半経っても彼は約束を忘れていないのだ。

「お父さん、場所ができたよ。約束だからね、今度は絶対に買ってよ」

もう絶体絶命。もう言い逃れをしようとは思わなかったが……。

約束して二年半、ついにピアノを買う破目（祝福）になってしまった。

約束は、たとえ親であっても守らなければならないのは当然である。子どもへの要求は、もろ刃の剣となって親にも突きつけられたのだ。こうしてわたしたちは、「約束する」ということに対して、思いがけない月謝（？）を払うことになった。

しかし、それはまた「約束」は、どんなことがあっても果たさなければならない。破ってはならないということの実物教育でもあった。それと共に、人の親でも約束を守るとすれば、神は約束されたことは、どんな犠牲が伴うとしても、それを実現成就してくださるお方であることを、信じさせるのに大いに役立ったのである。

他人の痛みは分からない

深川に来てどのくらい経っていたのだろうか、ある方から
「どうせ、先生たちにはわたしたちの痛みはわからないよ。」

と言われたことがあり、とてもショックであった。

「そんなことないよ。」

と言いたいところであったが、そこはグッと抑えた。

でも言われてみれば（そうかなー）とも思った。そのときから、わたしたちは、

「神さま、わたしたちを他人の痛みが分かる牧師にしてください。」

と日夜祈るようになり、暇さえあればそのことを考えていた。しかし、そんなことは神さまは、先刻ご承知のことであり、わたしたちが祈らなくても次から次へとわが家にも問題は押し寄せ

てきた。「わかる」といっても所詮想像の域を超えないが……。

他の人にはどのように映っているかしれないが、子どもの反抗期はすさまじいものがあった。

そんなとき、

「先生方は○○君には甘いから……。」

と声なき声が聞こえてきたが（そうこっちが思っているばかりであったかもしれないが）、言われなくても、内部からも反乱（？）が起ってきた。

「だいたい、お父さんは○○には甘いんだよな。」

という。弁解しようと思えばできないこともないが、弁解しても事態は変らない。（その通りだ）と思うのだが、どうにもならない自分がそこにいた。他人には厳しいことを言っておきながら自分には甘い、だらしない親の姿がそこにはあった。（「親バカ」かなー）そんなときにも、教会はよく支え、かばってくださった。

以前に『白いかみ』という子育てについての証し集を教団出版局から出したことがあった。それは「子育てというのは、生まれたばかりの白い紙に何かを書いていくようなものだ。生まれたときには、みんなどの子も真っ白だ。しかし、そこに何をどのように書くのかは親と子の合作だ」というような思いがあったからであった。

しかし真実な神は、わたしたちに思いもかけない痛みを味わわせてくださった。詩篇の記者は、「苦しみにあったことは、わたしに良い事です。これによってわたしはあなたのおきてを学ぶことができました。」（詩篇一一九71）といっているが、わたしにはとてもそんなことは言えない、弱い牧師である。それを教会、家族、友人たちが支えてくださった。

人は壊れやすい

改めていわなくても、だれだって自分の子どもは「自慢の息子」であり、「自慢の娘」なのだ。だから、幼稚園や、小学校の運動会に行ってごらん。まず目につくのは自分の息子であり、自分の娘だ。他の子はどうでも良いとはいわないまでも、カメラは必ず自分の息子、自分の娘を写している。

「○○君はお父さんに似ていますね。○○ちゃんはお父さんそっくり、いや、お母さんそっくりだよ。」

などと言われると、ホッとしたりする。

それが、この頃そうばかりは言えなくなったのは悲しいことだ。でも、やはり自分の子どもはかわいいに決まっている。痛みを持っている子どもがいるならばなおさらだ。

それはわたしたちにとっても同じだ。その子は、本人は、

「おれはお父さんに良く似ている。」

というが、わたしにはかなわないタラントを与えられている。わたしたち夫婦は、全く音楽のことは分からない。いや、正確には妻は少し聞く耳を持っているかもしれないが、わたしの方は全く音楽の分かる人の気持ちがわからない。ベートーベンも、モーツアルトも、バッハもチャイコフスキーも同じだ。全く困った牧師だ。

その息子たちが中学時代は皆ブラスバンド部やギター部に所属し、楽譜が分かるというのだから驚きである。──その結果ピアノを買わされる羽目にもなったのだが──そのひとりが、どうしても音楽をやりたいという。でも、わたしには一つの不安があった。それは、音楽家として生きていくことのできる人は、音楽を志す人のうちほんの一握りの人である。しかも、そのためには、小さいときからのいわゆる「英才教育」が必要であるかもしれない。しかし、今のわたしたちにはそれは不可能なことであり、今からではもう遅い。そこで、何も知らないわたしは、

「それだったら、学校の教師をしながら音楽をやったらどうだ。」

といった。

不満もあったであろうが、気の弱い（?）その子は、親の敷いたレールに乗って教師になった。しかし、音楽の夢は捨てきることはできない。四年間教師を勤めたが中断して音楽の道に挑戦した。しかし、ときすでに遅かった。そこも道が閉ざされた彼は、再び教師の道に戻った。それは、傍から見ていても彼にとってはあまりにも過酷な日々だった。愚直で不器用、融通の利かない彼、それでもひたすらその道を究めようともした。毎年のように自作のミュージカルを子どもたちにやらせるのだが、好評を博せば博すほど落ち込むようになった。でも、親の目から見ると彼は彼なりに、肉体的にも精神的にも限界まで励んでいた（?）が、ついに壊れてしまった。やはり器はみな同じではない。壊れやすい器もあるのだ。それを同じであろうとするところに無理があることをイヤというほど知らされた鈍い牧師である。

あふるる恵みの神

それからのわが家は、思い出すのも恐ろしい厳しい日々が続いた。毎日が戦々兢々の日々である。毎日帰りを待ち、連絡を待った。顔を見るまで不安に襲われた。そんなとき、

「お祈りしよう、お父さん。」

と妻に促されてよく祈った。わたしには祈る気力もなかった（気力で祈るのではないが）。する

と不思議にひょっこり帰ってきたり、メールが入った。そんなとき与えられて、力になったみ言葉が、「あなたがたをキリストにある永遠の栄光に招き入れて下さったあふるる恵みの神は、しばらくの苦しみの後、あなたがたをいやし、強め、力づけ、不動のものとして下さるであろう。」（Ⅰペテロ五10）であった。

どんなにこの言葉にしがみついて祈ったかわからない。その度に、奇跡を起こしてくださった（わたしたちの目から見るならば……）。

どんな時でも、彼は絞り出すようにして出勤していった。どんなに辛かったか分からない。でも、わたしはそのとき一つの決断をした。

〔限界のある事はわかっているが、だれに何と言われようと、わたしがガードしてやろう〕

共に病院にも行き、カウンセリングも受けた。そこで思いもよらないことを聞かされたこともあった。でも心は平安であった。厳しく責められたこともあった。自分では意識してはいなかったが――自分に都合の悪いことは、すぐ忘れてしまうから――、

〔そうだったのか？〕

と知らされたときには、当然のことであるが、自分でも不思議に弁解しないで、息子に心から謝ったこともあった。それにしても、不用意な発言がどんなにか人（たとえ自分の家族でも）

を傷つけ、痛めてきたことだろうか。使徒パウロも「悪い言葉をいっさい、あなたがたの口から出してはいけない。必要があれば、人の徳を高めるのに役立つような言葉を語って、聞いている者の益になるようにしなさい。」（エペソ四29）といっているが、なかなか難しいことである。

何か月ぶりかにゆっくり休めた土曜日

1週間だれよりも早く出勤し（敗けたくない気持ちから？）、精いっぱい働いて夜遅く帰ってくる。もともと融通の利かないうえに、責任感も上昇志向の強いタイプで、ガムシャラに勤めに没頭した息子。それが必ずしも正当に評価されていないと思い込み、更に自分を追い込んでいく。だから、土曜日になるとクタクタだ。それでも出勤しても調子の良いときは良いのだが、疲れとストレスがたまってくると、もう生きているのも嫌になってしまうから始末が悪い。自分をイジメイジメ、イジメ抜いてしまう。人からも傷をつけられることもあるが、自分でも自分の身も心も痛めつけてしまう。わたしたちは見ている以外に、どうしてやることもできない。自分の辛さを今更親に訴えることもできないとも思うだろう。そうなれば、自分をイジメル以外にない。そんな息子を見張っていなければならないその辛さ……。

明日は日曜日だ。でも、なかなか眠ることができない。そんなある日の日記に「何か月ぶりかにゆっくり休めた土曜日」と書いてあった。その日は彼もゆっくり休めたに違いない。恵みの日曜日であった。

もう限界と知った彼は、自ら辞表を提出して教師から足を洗うことにした。先のことは何もわからない。他人からはどう評価されるかしらないが、わたしたちの目から見るならば十分すぎるほど働いてきた。しかしこれ以上の痛みは、十分だとわたしたちも判断し、彼の判断を支持することにした。

そんな折り、「○○君のような者がきてくれると助かるけどなー」との申し出を受けた。わたしはわが耳を疑った。うれしかった。かといって、未だ心の痛みから完全に解放されてはいなかった。また今までと全く違った職場だ。新しいことばかりだった。でも多くの人に祈られ、支えられ、助けられて今日までできた。夢のようだ。神の約束は真実だ。

それでも牧師かよ!

東京にきてからしばらく（否大阪時代もそうであったかもしれないが）、健康があまりすぐれないことを口実にしてか、よく怒っていたらしい、「らしい」というのもおかしいが、自分では覚えていないのだからお許しいただきたい。そのときに当たった信徒の方々よ、主にあって許していただきたい。でも、やはりほんとうらしい。（また、「らしい」なんて口実にする）

「父の日」に……ブログで公開されわたしにも届いたある息子の思い出

今日は父の日ですが、
オヤジは、キリスト教の牧師です。

物心ついたときに、自分のオヤジが「ボクシ」であることと、「ボクシング」が妙に重なり、子どもごころに、

「うちのおとうさんは、ボクシングする人」

と思っていたのを思い出します。

物心ついたときには、オヤジは、けっこう、忙しくて、自分とあまり、遊んでくれなかったし、いつも、怒っていたような気がします。特に、ボクは年子の兄貴と、毎日というか、always けんかしてましたから（いじめられていた⁇）ので、まあ、とにかく、兄貴もボクも、よく怒られたし、ぶたれました。なんだか、いつも、機嫌が悪かった……⁇

遊んでくれた思い出は、就学前に関しては、雪の日に、一度だけ、雪だるまを作ってもらっ

かーちゃんに言わせると、オヤジは、昔からこども好きだったっていうんですけどね……た思い出くらい……

忘れられない思い出が、1年生のとき。

小学校1年生のとき、テストで、つい、立ち上がって、前の人の答案を覗きました。今考えたら、ボクって、ほんと、不器用なヤツですね（笑）。すぐに、先生が来て、赤ペンで、「カンニング0点」と答案に書きました。

ボクは、子どもごころに、それを、オヤジに見せるのが怖くて、でも、そのころから、正直者だったボクは、それを、わらいながら、

「ハハハ、カンニング0点だって！」

と、オヤジにみせたんですぅ。

烈火のごとく怒ったオヤジ、

「**おまえは、うちの子じゃない、出て行け**」

って言ったんですね。ボクは、泣きながら、家出しようとしました。

出て行こうとするマジメなボクに、かーちゃんが、

「あんた、出て行って行くとこないでしょ！『行くところがないので、ここに置いてください。

もう、しませんから』って謝ってきなさい！」

というので、その台本どおりに言ったら、気まずそうに、

「あぁ！」

みたいな、返事だったような気がします。

そんなオヤジが、優しい親父に見えてきたのは、いつごろからでしょうか。

自分の見方が変わったのか、彼が変わったのかは、謎です……

気がつくと、自分のために、奔走しているオヤジがいました。

気がつくと、教会の信徒の皆さんのために、奔走しているオヤジがいました。

今は、一番の親友かな。

友達、って感じになりました。

ほんと、オヤジには、永遠に、恩返しはしきれないだろうなぁ、と思う、昨今です。

それは、なにもその息子にだけではなかったかもしれない。としたら、

「どんなに多くの人々に迷惑をかけたかなぁ。それをみんなじっと耐えてくださっていたのかなぁ」

と思うと申し訳なさでいっぱいである。そしてどこからともなく、

「それでも牧師かよ！」

という声無き声が聞こえるようである。言い訳もあるかもしれない。しかし、恩師バルナバと「激論」したパウロが、そのことが生涯忘れられず、コリント教会の信徒に宛てた手紙に「愛は……いらだたない」と書いたとき、その「激論」と同じ言葉を使ったといわれるが、そのような自分を召して「忠実な者と見て」その務めに任じてくださったことを感謝しているように、わたしも、自分ができた人間だから牧師をしているのではない。多くの方々の祈りと支え、あるいはこんな者をかばい、覆ってくれた方々があったからこそ、そしてなによりも、このようなわたしのために十字架にかかってあがないを成し遂げ、よみがえって救いを

成就し、いまもそんなわたしを執り成していてくださるイエスさまのゆえに、なんといわれようと「それでも牧師である」ことを思い、感謝で涙が溢れてくる。

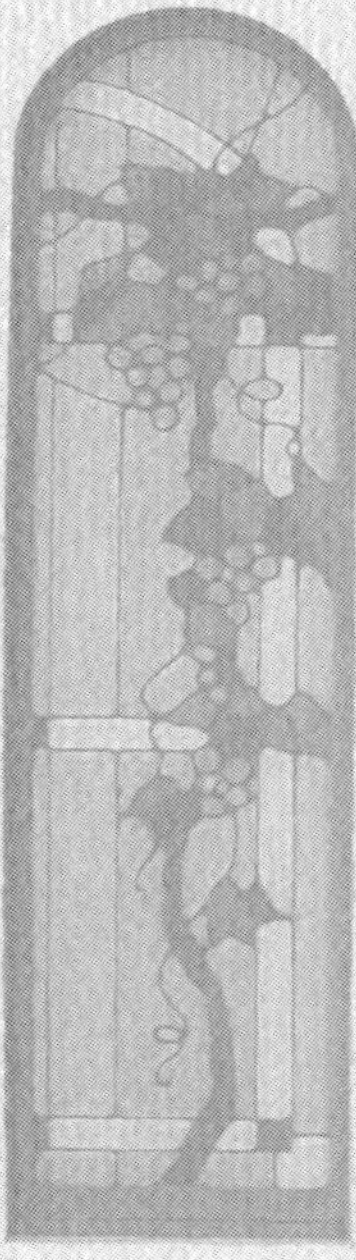

5　教会の戦いと祝福　１９７０年代～

橋の下の教会学校

神のあわれみによって教会学校の教師も充実し、教会学校も50人、60人と集まるようになった。使える所はどこでも使った。分級室（?）は階段、天気のいい日には外、雨の日は困ってしまった。それに子どもたちは、そんなに遠くなくても自転車でくるのだ。その自転車の整理がまた一苦労。

直接にはいわれないのだが、

〔この自転車邪魔だな！〕

〔車が通れないじゃあないか！〕

〔教会さん、なんとかならないのかね！〕

声無き声が聞こえてくる。

教師はうれしい悲鳴だが、なんとかしなければならない。暑い夏なんか大変だ。幸い窓に埋め込み式のエアコンがささげられた。どんなに感謝したか分からない。

〔ああ、感謝、感謝！　涼しい礼拝が守れるよ〕。

と思いきや、お隣さんには熱風と騒音が容赦なく吹きつけるのだ。何度かお叱りを受けたが、

〔もうこんな所に居れない〕

と思われたのか、遂にお隣さんが引っ越していかれた。申し訳ない思いでいっぱいであった。

それで、教会学校の問題が解決したわけではない。今考えると夢のようであるが、事実だった。

教師会で協議の結果、近くの区民館を借りて集会をすることにした。ただし、毎週借りるため
に申し込みをしなければならなかった。それはわたしたちの仕事だ。毎週何人かの教師がそこ
に派遣された。一度はじめたら、「今日はお休み」というわけにはいかない。祈りに祈った。し
かし、ついにその日がきた。

「その日はすでに〇〇町内会で申し込みがありますから、お貸しできません。」

さあ、どうする。子どもたちは集まってきた。教師たちは困った。おまけにその日は雨だ。

――さあ、どうするキリストのしもべたちよ――

だれかがいった。

「先生、橋の下があるよ。」

「橋の下、それは良いね。でもそんなところに集める所があるのか？」

「行って見なければ分かりませんよ。」

「そうだよ、先生！行こう、行こう。」

子どもたちが知っていた。

「行こう、行こう。」

ただひとり野原を　歩いているときも
神さまはわたしの　力です、城です
（子どもさんびか九二）

水のない橋の下を見つけた。五、六人も集まればいっぱいだ。でも、イエスさまが野原や舟の上から話されたのを思い出したかどうか知らないが、毎週続けた。

見かねたある人が、

「わたしの家を使ってください。」

といわれてしばらくそこで集会をしたこともあったが、やはりそこでの集会も長続きせず、それに教会学校も少しずつ人数も減ってきたので、中断せざるを得なくなったが、

「わが口から出る言葉も、むなしくわたしに帰らない。」「あなたのパンを水の上に投げよ、多くの日の後、あなたはそれを得るからである。」（イザヤ書五五11、伝道の書一一１）とあるのを思い出しながら励んだ。だれかの心の片隅にでも、み言葉が残っておればいいのだが。

「主よ、もう一度あの日を！」
と祈る今日この頃である。

聖書によって育てたい

都営住宅に住むようになってから、ここで住むだけではもったいないと毎週「子ども会」を開くことにした。といってもわが家の子ども中心であったが、それでも向こう三軒両隣、子どもの居そうな家の扉を叩いてまわった。そんな折り、どこで聞かれたのか、ひとりの男性が訪ねてこられた。

「わたしは近くの教員住宅に住み、小学校の教員をしていますが、自分の子どもたちを聖書にしたがって育てたいと思いまして……。」

「そうですか。それはすばらしいことですね、でも、そのためには、その前に、まず自分が聖書を学ばなくてはね……。」

「そうですね。では、すぐぼくも洗礼を受けます。」

「すぐ、といわれましてもね。では、まず最小限のことを学びましょう。」

というようなわけで、緊急の学び会（?）をはじめると、彼は「すぐに（クリスマスを前にしていたので）、このクリスマスで踏ん切りをつけてスタートしないと、ズルズルになって、またどうなるか分からないから、とにかくこのクリスマスに受洗したい」という。

そこで、わたしも意を決し、彼と生涯を共にするつもりで、クリスマスに洗礼を授けた。

「ハンナ会」のはじまり

彼らは教員住宅に住んでおられたが、やがて奥さまも受洗され、彼の家で子どものためと子育てのためを兼ねたような家庭集会が持たれるようになり、その住宅におられた他教会の方も加わられるようになり、にぎやかな楽しい集いが持たれるようになった。「ハンナ会」の始まりである。

一時ペルーの日本人学校に転勤になったが、帰国後少し離れた所に居を構えられるようになり、そこでは日曜日の夜、その家庭だけでもいいからと家庭集会が続けられてきた。そこはわたしたちにとってオアシスであっただけでなく、どんなに多くの人々が恵みに与ったことか分からない。そこでの家庭集会をご紹介しよう。

だいたい子ども中心。最初は子ども賛美歌であったが、やがてジュニアクラスで使っていたいわゆるゴスペルソングを歌い〈その歌集（？）もその家の子どもたちがコピーし綴じた簡単なもの〉、そして一言なんでも証しをする。特別なことのないかぎり全員がする。そして最後に御言葉が開かれ、黙祷して終りだが、これが実に温かいのだ。それは彼が召されてからも、長女が結婚するまで続いた。

臨在を感じて

彼は小学校の教員、特に体育が得意であり体育の教師、水泳では東京都の審判員もしておられた。ある年のクリスマス、キャンドルサービスの司会をしていただいたことがある。彼も、教員であるとはいえ、教会での司会ははじめてのように覚えているが、かなり緊張もしていただろうが、ひたすら祈って備えてこられた。そのときの聖書朗読を今も忘れることができない。そこにイエスさまの臨在を感じ、弟子たちの姿を見るようであった。

〔聖書朗読とはただ聖書を読めばいいというのではなく、こう読むのか！〕

と思ったのはわたしだけだったのだろうか。

その彼に思いがけないことが起こった。「肺ガン」の発症である。あるいはその前からからだに異常は感じていたのかもしれない。しかし、そこは学校の教師、しかも健康には特に自信のあった体育の教師。その彼がどうして？（マサカ？）と思ったに違いない。三人の娘は大学生と高校生。彼は闘った。闘った。手術をするにしても体力が必要だ。そのために寝ていては体力が落ちるばかりだと、病院の階段を毎日登ったり降りたりを体力の続くかぎり、何回くり返したか分からない。習字の師範でもあったので、からだの続くかぎり病室で書きもした。しかし、病魔は容赦なく彼を攻撃していく……。

その日は外出を許された最後の日、日曜日の夜、いつものように家庭集会に行った。集会が終わると病院に戻らなければならない。車で送った。もう再びわが家に帰ることはないと覚悟されていたのか、ことの外冗舌だった彼が、突然沈黙。いろいろな思いが交差したに違いない。

「いのちは主の手にありますよね。」

「そうですよ、だれひとり手の触れることのできない主の手の中にありますよ。決して死ぬことのない主の手の中に。」

「そうですよね、決して死ぬことのない主の手の中にありますよね。」

いうことのできない確信のようでもあり、自分に言い聞かせているようでもあった。

「アーメン。」

いよいよその日はきた。その日は、末娘は翌年の高校転校準備のために山形に行っていた。

「いのちは主の手にある。精いっぱいお父さんは闘ってきた。主に委ねて、賛美しよう。」

家族みんなで賛美した、賛美した。「残りなくみ旨に、まかせたる心に　えもいえずたえなる幻を見るかな」「主にすがる我に悩みはなし　十字架の身許に荷を降ろせば　歌いつつあゆまんハレルヤ　ハレルヤ　歌いつつあゆまん　この世の旅路を。」「今去り行くなれを　われら主にゆだぬ　安けくあれかし、また会う日望みて。また会う日まで、また会う日まで、み神常に　なが身と共にあれ。」

歌いに歌いながら彼は静かに主の御許に召されていった。そこにはいうことのできない聖なる臨在の余韻を残して……。

やっと落ち着き所に着きました

わたしは単純率直、否「単細胞かな。」込み入ったことはなかなか理解するのに骨が折れる。そんなわたしたちの許にひとりの哲学（?）青年がやってきた。そのいうことが難しいのだ。なかなか分かってあげられなかったからなのか、しばらくきていたが、ある晩ひょっこりきて、

「先生、ぼくもうやめます。」

と宣言して帰ろうとする。

「待てよ、なにがあったか知らないが、急になんなのだよ。」

「もういいです。」

といったきり帰り出した。

ここで帰したのではそれでお終いだ。追いかけたわけではないが、後をついていった。そして近くの橋のうえで、運河の川面を眺めながら、ぽつりぽつりと話し合った。運河の水面はチャプチャプ音を立てながら、なにかを語っているようでもあった。

しばらくの沈黙の後、

「先生、わかったよ。いくよ。」

「そうか分かってくれたか。よかったな。よかった、よかった。」

その夜はうれしさのあまり寝つけなかった。

次の日曜日、彼は段ボール箱四杯分の本を持ってやってきた。

「先生、もう要らなくなりました。先生、読んでください。」

中を見るとまあ、わたしの興味のありそうなのを探すのに一苦労。哲学書がいっぱい。ため息が出んばかりであったが、これが彼の今までの歴史でもあったのだ。

後から聞くと、神田の救世軍の路傍伝道で導かれていったことがあるらしい。そこからこの教会を紹介されたという。

彼は末っ子、お母さんにとって可愛くてたまらないばかりか、心配の種でもあったにちがいない。その息子が教会に行くようになり、何だかこのごろ変ってきた。幼い日に日曜学校にも行ったことのあるお母さんは、彼の入信をきっかけに教会においでになるようになり、何のこだわりもなく入信され、

「やっと落ち着き所に着きました。ほんとうによかった。」

と喜んでおられた。その後の証し

「今は神さまなくしては生きていけません。わたしも喜びも悲しみも共に導かれたいと、やっと入会できたばかりです。（中略）心からわき出るさんびに、深く深く感動させられます。『主は恵み深くそのいつくしみはとこしえに絶えることがない』とはほんとうです。」

親が子どもを導くのはなかなか難しいが、子どもが親を誘うのは意外に多い。

入信まではさまざまな職業を転々としていた彼だったが、入信と相前後してようやく定職に就くようになった。ところがその職場が傾いてきた。そして同僚も次々と辞めていった。そんな中で社長から、

「K君、君はおれの右腕になってこの会社の再建のために力を貸してくれないか？」

と頼まれた。しかし、あまり気乗りはしなかった。

〔でも神さまはどうお考えなのだろう。〕

と相談に来た。

「先生、社長にこういわれましたが、どうしたらいいんでしょう？　今まで、実をいうとこれほど人から期待されたことはないんです。」

そこで、

「社長が、それほどまでにあなたのことを信頼して頼まれるんだったら、残って再建に尽力してあげたら……。」

と答えはしたものの、なんの事業家でもないわたしに自信も確信もなかった。しかし彼はその結果、そこに留まることにした。彼はなんの自信も見通しもない牧師のことばを神のことばと信じて、ゼロからの再建に協力していった。

その後彼も、しばらくして良縁を得て結婚もした。ところが、結婚して間もなくその職場がまた嫌になってきた。それはなかなか、自分の思うようにはいかないことも多いことだろう。周りには頭だけは優秀な人もいたことだろう。帰って奥さまに話すと、奥さまは大反対、

「そう簡単に職場を辞めるなんてとんでもない。あなたが辞めるんだったら、わたしと離婚し

てからにしてください。」

と啖呵を切られてしまった。

ちなみに奥さまのお父さまは、左官業一筋に生き抜いた人であり、その父を見ていた奥さまにとっては考えられないことであったのかもしれない。

そういわれて、改めて奥さまの愛情と見通しを再認識するとともに、辞めないでそこで働き続けることにした。

神さまのなさることは不思議なものだ。彼は定時制高校しか出てはいないが、ひらめきというか発想がユニークなのだ。大学教授と組んで（時にはわたりあい）呼吸器関係の医療器具の開発に取り組み、それが次々（？）とヒットし、会社も順調に業績を伸ばして再建でき、会社の20周年の時には表彰さえされたのだ。

あのときに、辞めていたらと思うと……。頼まれたらそれに応えることかなぁ。

人生の道を探そう

その日は、留学から帰国されたばかりのM先生ご夫妻を迎えての特別集会であった。そこに度のきつい眼鏡をかけ、かなり汚れた服を着た中年の男性がきていた。地下鉄の出口にあった「人

生の道を探そう」という看板を見てきたとのこと、
集会も大詰めを迎え、決心者が募られた。

「皆さんいかがでしょうか？　今晩、神さまがお示しになった人生の道に歩んでみませんか？

もし、そういう方がおられましたら、その方のために特別に神さまの祝福をお祈りしようと思いますが、居られましたら、ちょっと手を上げて教えていただけないでしょうか？」

それに応えて、彼も決断し、S夫人が導いてくださった。

「先生、兄弟が今日イエスさまを受け入れられましたから、よろしくお願いします。」

彼をよく見た。

「ああ、これからこの人と付き合うのだ！」

と思うと、複雑な気持ちだった。

「君は幾つ？」

「ハイ、四〇才になります。」

「そう、で、お家は？」

「自分の家はありませんが、きょうから木場二丁目にある東京都江東通勤寮に住んでいます。」

「ところでお仕事は？」

なにか尋問しているようであったが、ついつい聞いてしまった。

「仕事はありません……。」

〔これは一筋縄では行かないぞ！〕

「仕事ない？　それでどうするの？」

すると、彼はきっと見つめて、

「でも、きょうお話になった神さまがほんとうに居られるなら、明日必ず仕事につけると思います。」

いやに確信を持っている。

〔そううまくいくかな？〕

と思いながら、

「うまくいくように祈りましょう。」

と祈って帰したが、心は重かった。

翌日、彼は意気揚々とやってきた。

「先生、神さまはほんとうにおられました。仕事が見つかりました。」

まだ信じられなかった。（ほんとうかな？）

「どこに？」
「上野のMデパートに出入りしているS食品です。」
まだ信じられない。
〔物好きな会社もあるものだなあ！〕
〔全く、それでも牧師か？〕
と自嘲していた。
働くといっても、すぐ収入になるわけではない。しかし、食べなければならない。彼は、食堂街をまわり、残り物で飢えをしのぎ、休日には土木工事の日雇いをしながら働き、ついに一か月が過ぎた。しかし、わたしはまだ信じられなかった。そんなある日、
「先生、わたしの職場に来て上司に挨拶してください。三時に待っています。」
そのときはじめて、
〔彼のいっていることはほんとうなのだ。〕
と思うようになった。
彼は以来、集会にも励んだ。最初はなかなか聖書の理解も易しくなかったが、だんだん正しい聖書理解も身に付くようになった。しかし、長い間に染みついた酒は、なかなか止められな

かった。錦糸町の飲み屋から電話をもらって引き受けにいったこともあった。時間はかかったがついに勝利を得た。

パウロは「福音はユダヤ人をはじめ、ギリシャ人にもすべて信じる者に救いを得させる神の力である。」（ローマ一16）といったが、まさに彼は信じることによって福音の力を経験した。その後も時々酒の虜になることもあった。しかし、手に刺青をしていたが、それも焼き切ってしまい、やがて結婚し、ふたりの子どもにも恵まれ、しあわせな生活をしていた。

その後彼は自分が救われる前にお世話になった方々に報いるためにも、社会福祉に重荷を持ち、また自分に注がれた恵みを証ししたいと積極的に出かけていくと同時に、クリスチャン新聞の募集した「証し文学」に応募し「クリスチャン文学賞」に入賞したりし、「グローリー」というクリーニング取次店を開店したりもした。だれかにこれを伝えたかったに違いないが、その後しばらくして病魔が突然彼に襲いかかり召されていった。

言葉は文化

「言葉は文化である」といわれるが、異質の文化を学ぶためにも言葉を学ぶことが近道かもしれない。そんな折り、ＥＬＩ（English Language Institute の略）というグループから「アメリカの大学生が夏休みを利用して英語を教えながら伝道する、あなたの教会もやってみないか」という誘いがあった。彼らは自費で来日し、教会で寝泊まりし、自炊生活をする。教会の責任は生徒を集めること、寝泊まりする場所を提供すること、それにチャペルタイムにショートメッセージをすることであった。

教会に相談すると、

「それはいい。やりましょう、ぜひやりましょう。」

ということになった。

最初に深川に遣わされたのは女子大学生。

生徒もまあまあ、集まり楽しいときをもった。来たのは6月の終り、毎日毎日ジトジト、さすがに日本の梅雨には参ったらしい。月曜日は休みで、日本に派遣された者たちが集まって一週間の出来事を報告し合ったり、つらいこと、困ったことなどを母国のカウンセラーに話を聞いてもらい、リフレッシュして、また帰ってくる。受け入れ教会も報告会をもった。

ちょうど隣の家が空き家になっていたので、そこを借りることにした。そこは純日本家屋。それも彼女には気に入ったらしい。はじめて目にする襖に障子に欄間。それに風呂。当時はまだ卵形の桧の風呂だった。彼女にとっては珍しかったに違いない。

ところがアメリカでは、風呂桶の中で石鹸を使ってからだを洗い、全部流してしまう。アレアレ！　まあ、無理もないか。まだシャワーなどない時代、それを説明するのに英語の分からない日本人と日本語のわからないアメリカ人、こっけいというか一苦労。

それに日本人はその頃は風呂に入るのは夜であったが、彼女らは朝風呂（シャワー）だ。しかも暑い夏のこと、当然といえば当然だが、朝風呂を浴びて水着（？）を着てベランダで涼んでいた。それを物珍しそうに近所の人たちがやってきてヒソヒソ話。彼女らにとっては当然のことが、日本人には奇異に映ったのかもしれない。

〔困ったなー。どう説明したら良いのだろうか？〕

次の月曜日の打ち合わせ会のときにいろいろ話していただいたのであった。

そのとき、ふと思い出したことがあった。

君にできるか？

ある年の秋に「東日本宣教の集い」があり、その中である講師の話されたことが忘れられない。

彼は、日本に来ている宣教師、日本から外国に派遣されている宣教師について、いつも一つの不満というか問題を感じていた。それは、

〔どうしてもっと現地の社会の中に土着して伝道しないのか。現地の牧師館とは比べ物にならない立派な（?）住宅に住み、わたしたち現地人より豊かな生活をしている。これで現地人に伝道ができるのか?〕

という思いを抱いていた。

その彼が、ある年の夏カンボジアでの宣教会議に招かれて出席した。会議終了後、出席していたカンボジアに派遣されている宣教師が、自分の遣わされている教会に案内するといってくれた。やはり派遣されている宣教師の宣教地をこの目で見てみなければと、同行することにした。車は途中までしか行かない。それからは牛にまたがってであった。一時間も経っただろうか、もう腰や股が痛くてたまらない。

「先生、まだですか?」

「後一時間くらいですかね。」

そのときだった。主は彼に語られた。

「〇〇、君は、日本に宣教にきている宣教師に、また日本から外国に遣わされている宣教師に不満を抱いていたね。ところで、君はここにきて、ここの人たちと同じ住宅に住み、彼らと同じ食べ物を食べて、彼らに伝道できるかね?」

「いやいや、とてもとてもそんなこと……。」

「それがおまえの持論だったんじゃあないのか？」

これには彼も参った。

「神さま、わたしは宣教師の苦労をなにも知りませんでした。彼らがどんな痛みをもっているのか、どんなに不自由をおぼえ、苦しみながらも日本を愛し、主と日本のために生涯をささげているか、また世界各地に遣わされ、文化も習慣も気候も違う所で苦労しながら、宣教に従事し、子弟の教育をしていることを、なにをも知りませんでした。主よ、お赦しください。」

それ以来、彼の宣教師に対してはもちろん、世界宣教への重荷は変わっていった。


そのことを思い出しながら、彼女たちがせっかくの夏休みをささげ、なにも分からない日本に、ただイエス・キリストを伝えたい一心で自費でやってきて、日本の人々に迷惑をかけまいと一所懸命になっている姿に、十字架の主を重ね合わせ、感謝と申し訳ない思いでいっぱいになるのだった。

あの人たちかわいそう！

次の年はまた別の女子学生が派遣されてきた。彼女は、全く別の意味でアメリカ人であった。することなすこと、どうもウマが合わない。でもそこで学んでいる方々は、
〔ああ、これがアメリカ文化か？〕
と思われたかどうか知らないが、喜んで学んでおられ、生徒も徐々にではあるが増えていた。
〔やはりこれで良かったのだ。〕
という思いがわたしの心に芽生えるようになり、だんだん仲良くできるようになってきていた。やがて、滞日期間も終わりに近づいたときである。ちょうど地元八幡神社の4年に一度の大祭、多くの神輿《みこし》が繰り出され、道路いっぱい大勢の人々で埋め尽くされていた。
〔これが日本文化だ。見せに行こう〕
ということに生徒の間でなったらしい。さっそく浴衣を貸して（？）くださる方もあり、夏祭りを見に行った。一時間位しただろうか。一緒に行った者たちは大喜びで帰ってきた。ところが、彼女は、どうも様子がおかしい。（どうしたのだろう？）
聞いてもらった。すると、彼女は急に泣きだし、
「あの人たちがかわいそう。あの人たち、真の神さまを知らない。あの人たちにイエスさまを伝えなければ……。」

といって泣きじゃくるのだ。これにはショックだった。それと共に、〔わたしは真の神をまだ知らない方々のために、これほどの愛をもって泣いたことがあるだろうか？　ここで牧師を何年もしながら、もうこの人々を諦めてはいなかったか？〕なにも知らない日本に、ただだれかにイエスさまを知ってもらいたい。そのために自分たちの英語が少しでも役立つならばと、自費で日本にやってきた彼女たち。それに比べて（比べる必要もないが）、なんと愛のない者なのか。そういう者をも見捨てないで、忍耐をもって我慢してくださっているイエスさま。申し訳なさと共に、なんと感謝していいかわからなかった。あのときのショックは、今もわたしの心から離れない。

宝物

わたしには宝物がある。それはある姉妹からいただいたハガキである。その姉妹は教会にくるまで、「ものみの塔」の集会に通っておられたようである。自分も「ものみの塔」にいっていたという友人に連れられて教会にこられるようになった。以来、半年間、毎週ハガキをくださった。ときには消印を見ると毎日のこともあった。その日感じたことをハガキにしたためて送ってくださった。といって、ふたりの子育ての最中であり、お義母様もおいでになった。だからどんなに気を遣い、多忙であったか分からない。しかし、そのハガキでどんなに慰められ、励まされ、ときにはピリリとさせられたことだろう。

今手許にあるのは一二、三枚に過ぎないが、その一部を了解を得て紹介してみよう。

「バースディーカードありがとうございました。以前の私は四〇才までには何とか本物の大人になりたいと、肩に力を入れて意気込んでおりましたが、とうとう歳だけが容赦なく巡ってきました。

今言えることは、余裕のある目で周りも見られるようになったこと。そしてあるがままの自分を素直に認められるようになったことです。道が拓けたということでしょうか。私の総てをぶつけられるお方、そして応えてくださるお方がおいでになる安心感でしょうか。私を本物の大人にしてくださることを確信しております。天のお父様、私の一歩が印せられました。あなたの道を歩ませてくださいませ。アーメン。」

「わがたましいよ、主をほめよ。そのすべてのめぐみを心にとめよ。」（詩篇一〇三2）

力強い合唱とオーケストラが響きわたる中、ピッコロは「こんな大勢の中では自分ひとりぐらい吹かなくても」と呟きます。そのピッコロは、まさに普段の私の姿でもあります。待ち合わせや会合の遅刻に始まって、数え上げたらきりがありません。何がそうさせるのでしょうか？『心の弱さ』でしょうか。これは曖昧な言葉です。そして指揮者は、ピッコロが役目をさぼっているのに気付きます。聞こえるはずがないとたかをくくっていたピッコロの小さな音をです。

さしずめ、会合などに遅れるという小さな行為においてさえも、その人となりが察せられるということでしょうか。会合に出られることも、一つの恵みとするならば、遅刻するなんてことはとんでもないことのようです。『そのすべてのめぐみを心にとめよ』は日常の私への警鐘かもしれません。」

「『都の門は終日閉ざされることはない。』（黙示録二一25）

最近の新聞にプロテスタントの牧師が、今の教会は信仰の力に欠けている、と指摘していました。このことは否めない事実だと私も思っております。教会で気付いたことは、居眠りをする人がいるということです。かくいう私もそのひとりですが……。説教が退屈だからでしょうか。

いやいや、語尾が消えがちな欠点はありますものの、先生は話術には富んでいるほうですよ。（中略）ものみの塔の聖日礼拝には何度か出席しましたが、そこには居眠りなんて考えられない光景が繰り広げられていました。異端の魔力とでもいうのでしょうか。邪教に走る者を救えないのは自分たちの怠慢でもあると、正統派の聖職者はいいますが、もはや私たちひとりひとりが自分の足許を確かめる気力にもかけつつあるのが、現状ではないかと感じております。『都の門』がはるか彼方なのは、私独りとは思えないのですが。マンネリの恐さを思い知らされている今日この頃です。」

これは洗礼を受けたばかりの姉妹のハガキである。今も私の宝物である。

鹿のように

谷川の流れを慕う鹿のように
主よわが魂あなたを慕う
あなたこそわが盾
あなたこそわが力
あなたこそわが望み

われは主を仰ぐ

（リビングプレイズより）

これを何度くり返して歌ったことであろう。

一見して上品に見えるM姉が教会においでになるようになったのは、2001年の初夏のことであった。その前に米国留学中の息子からM夫妻がこちらで受洗したばかりだけど日本に転勤で帰られる、それに奥様は手術をされてあまり日が経っていないから祈ってほしいと聞いてはいた。

お聞きすると近くの総合病院で定期的に検診を受けて順調だと言われるけど、あまり体調はよくない様子。でも「順調で異常はない」という医師の言葉を信じて礼拝は守っておられたが、このところ姿が見えない。

〔どうされたのかなあ、やはり体調が悪いのかなあ〕

と思っていた矢先のことだった。

年末に教会員のK姉が風邪をこじらせて同じ病院に入院されたので、お見舞に行って帰ろうとすると、付き添っておられたN姉がわたしを呼び止め、

「先生、今下でご主人に会いましたけど、Mさんの奥様も入院しておられるんですってよ。」

K姉は間もなく退院されたが、M姉はかなり厳しいご様子。そして「もう治療の方法が無い」

と突然の通告。あれほど「順調で異常はないといわれていたのに」と訴えたが現実は動かなかった。ご主人は知り合いの医師を駆けずり廻られたが、結論は同じであった。しかし、この現実を受け入れるには厳しい戦いと、ある日数が必要であった。やがて緩和ケアセンターに移られることになった。そんな中で、今まで治療に当ってきた担当医師がお詫びに来てくれ、また高齢の理事長がお見舞にきてくれた。“Never, Never, Never give up”と口ずさみ、あらゆる可能性に挑戦しながらも、ようやく心の整理もつき現実を静かに受け入れることができたようだった。

ご主人は会社の社長、個人的な痛みを抱えながらも企業人としての責任もある。海外に行かなければならないときも何回もあった。残して行かなければならない。しかし、最愛の妻が痛みに苦しんでいる。どんなに辛い日々であったことだろう。

そんなある日、当時厳しい心の痛みを抱えていた息子を連れて病室を訪れ、彼に「アメージンググレース」と「一羽の雀」を歌ってもらった。一羽の雀にも目を留められる主の恵みは、どんな中にも豊かなのだと知ってほしかった。

病状が厳しくなってから、ふと「もしわたしがイエスさまを知らなかったならば、こんなときどうしていたのでしょうね」ともらされることもあった。やがて主のみもとに召される日が近づいてきた。幸いお姉さまがクリスチャンであった。みんなで何時間祈り賛美したことだろう。

こうして賛美のうちに、最愛のご主人にしっかり抱かれながら彼女は、この地上の生涯を終えて静かに主の御許に召されていった。

前夜式は家族と教会員だけでつつましく行なわれたが、告別式は病院付チャプレンの好意もありチャペルをお借りし、こちらにパイプオルガンを弾かせていただき、お嬢さまがお母さまに贈るバイオリンの演奏をさせていただくことができた。これはなかなかできないことだ。他の教会の牧師が、その病院で召されたとはいえ、特に関係のない信徒の葬儀をその病院のチャペルで行なう、しかも大切な楽器を他の者に使わせる、その度量の大きさと主にあるすばらしさに改めて感謝した。

彼女は確かに厳しい戦いを終えて召されていったが、それは一粒の麦となられ、かつてその社長の秘書をされていた方が最近になって受洗された。

ちなみに「鹿のように」は彼女の愛唱歌であった。

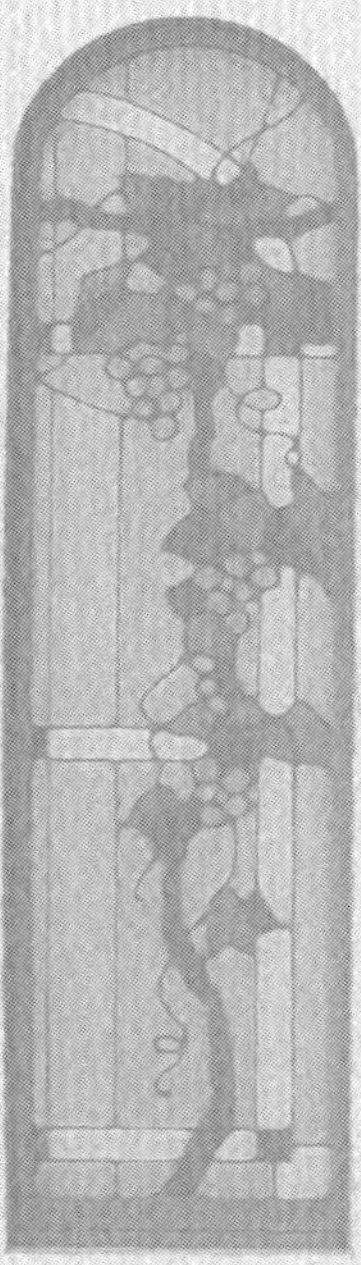

6 北米南米伝道旅行

先生！　しっかりしてくださいよ

関東、特に東京にきた牧師はなにかと引っ張り出されることが多かった。上京してすぐ、なにも知らないのにもかかわらず教団の青年の責任を負うことになった。特に当時は「東京連合青年会」は教団を背負っているかのように盛んであり、積極的であった。そのために、夏の2か月間は、毎週月曜日から金曜日までキャンプに明け暮れした。

そんな中で、北米にあるホーリネス教会とも交流が盛んになり、北米の青年たちが信仰のルーツを訪ねて日本にやってきた。それは日本の青年たちの目を世界に開かせ、今度は自分たちの目で北米の教会を訪ね、アメリカでキャンプをすることになり、その責任をわたしが負わされることになったのである。

しかし残念なことにわたしは英語はさっぱりダメ。そこで京都からS・M牧師、関東からS・H牧師が助け船（?）として同行してくださることになった。ところがスケジュールの都合でひとりは行きだけ、ひとりは帰りだけだという。最初から最後まで青年たちと行動を共にするのはわたししかいないことが分かった。そのことが分かったトタンに、小心者のわたしはなにやら不安になってきた。青年たちは大喜びであるが、こちらはどうもおかしい。頭では分かって

いるのだが、からだがついていかないのだ。いわゆる「仮面うつ病」というやつだ。あまり胃腸の丈夫でなかったわたしは、胃の辺りがムカムカ、それに下痢をしはじめた。それが何日も続くのだ。これではいかんと思ったが、もう後戻りはできない。わたしの知らないところで準備は着々進められ、北米の教会から頼まれた荷物まで届けられてしまった。出発前日になったが事態は一向に好転しない。医者にいってもどこも、特に悪くないという。「どこも悪くない」といわれても、ムカムカは治らない……。

ついに出発の日はきた。しかし、ムカムカはとれない。お昼過ぎには家を出なければならない。心配だったのか、教会員の姉妹が見送りにきてくれた。わたしの浮かない顔を見た彼女は、

「先生！　大丈夫よ、イエスさまがいっしょじゃな

い！　しっかりしてくださいよ。」

と肩をポンと叩き、祈ってくれた。

電車に乗って飛行場に向かう間に不安は一掃され、ウソのように元気になった。あの不安は何だったのだろうか。

それにしても、教会員の不安のために祈る牧師はたくさんいる。しかし、教会員に心配をかけ、祈られる牧師の不甲斐なさ……。そういう牧師を支え祈らなければならない教会員。否、不安におののく牧師のために祈ってくれる教会員をもつ我が身の幸いを思った。あまりにも身勝手か……。

一粒の種南米に落つ

機内の窓から眼下に広がる広大な森林、その中に所々赤土の地面が見える。ブラジル、ブラジル、夢にまで見、不安と期待に胸いっぱいであったブラジルはサンパウロに間もなく着陸する。(うまく入国できるだろうか。ほんとうに迎えに来てくれているだろうか？）そう思うと不安と期待で胸は高鳴る。

アメリカ巡回から何年たっただろうか。今度は南米ブラジルの巡回を要請され、しかもせっかく遠いところをくるのだから全部の教会を廻ってほしい。そのためには40日は必要とのことであった。しかも今度はひとり旅である。アメリカ旅行のときのことを忘れていたのではなかろうが、よく覚えていなかったのか、すんなりと了承してしまった。しかも、それまでブラジルホーリネス教会と正式な関係はなかったので、その道備えの意味もあった。ブラジルのかたがたは、日本懐かしさに多額の旅費を使ってでもおいでになるが、こちらから正式な代表としていくのははじめてであった。

「それだから」か「それなのに」か、また「仮面うつ病」が顔をのぞかせてきた。確かに、ブラジルには聖書学院に入学したとき3か月一緒に学んだN・Y師や同級生であったS・K師らがおられた。とは言え不安はぬぐえなかった。だから行くにしては多少高くても、直行便が良かった。当時リオ・デ・ジャネイロ（Rio de Janeiro）には日航便があったが、出迎えはサンパウロ。サンパウロにはブラジルのバリグ航空（Viação Aérea Rio-Grandense S/A）しかない。仕方なくバリグ航空で行くことにした。直行といっても、ロサンゼルスまではまだ日本語の分かる乗員がいたが、ロスで給油と乗員が交替する。その人たちは英語とポルトガル語。なにをいっているのかさっぱり分からない。さあ、大変。

そんな不安をよそに、なんとかサンパウロに着き、牧師だというと、すんなり入国。やれやれ！大勢の出迎えを受け、歓迎されながらブラジルの地を踏んだ。ブラジルはちょうど日本の裏側である。

そこに福音が伝えられるようになったのは、百年近く前のことである。当時教団の指導者であった中田重治（1870～1939）は、カウマン夫妻（Charles Elmer Cowman, 1864~1924, Lettie Burd Cowman, 1870~1960）やキルボルン（Ernest Albert Kilbourne, 1865~1928）と共に「東洋宣教会」（Oriental Missionary Society 略称ＯＭＳ）をスタートさせ、彼らの目は日本のみならず、世界に向けられていた。「地の果て……」まず頭に浮かんだのは「ブラジル」であった。そこで、ちょうどその頃、日本人移民が話題になっていた。彼はそれを見逃さなかった。

「日本の裏側、地の果てに福音を携えていけ！」

中田は日本中を巡って訴えた。彼の訴えに単純に応えて、多くのホーリネス教会の信徒がブラジルに移住した。その中には後に指導者になる田名網七五三吉少年一家、深川の田中伊勢長一家もいた。と言っても、なにか当てがあったわけではない。彼らも神さまだけを当てにして渡っていった。ジャングルを開墾してコーヒー豆を作るというのだ。それはそれは困難を極めたようである。（ＮＨＫで最近再度放映された「ハルとナツ」*を見ながら、その厳しさを今更ながらのように思った。）

＊「ハルとナツ」は http://www6.nhk.or.jp/drama/pastprog/outline.html?i=harutonatsu

ブラジルを夢見ながら移住するクリスチャンを、当時品川教会で牧会していた物部赴夫《もののべたけお》（1893~1930　ブラジル福音ホーリネス教団の生みの親とされている人物）は何度も何度も横浜港まで見送りに行き、祈っては送り出していた。）〔だれか彼らのために行かないだろうか〕

「物部、おまえが行け！　おまえが行って彼らに福音を語れ。彼らを励ませ。」

御言葉が響いた。パウロにかけられた「マケドニヤの叫び」だ。早速中田に自ら直訴した。

それを聞いた中田は、一も二もなく物部赴夫を任命した。

先に福音の使者として派遣された信徒を牧会し、大きな夢を抱きながら移住し、夢破れ苦労し、心身共に疲れ切っている人々にこそ福音を伝えなければならない。そのために、当時は今と違って、飛行機なんかない。貨物船に乗って2か月余りをかけてようやくサントス港（Santos）に着いた。そこで待っていたものは御言葉に飢えた神の民と、疲れ切った民衆であった。彼らは新天地に夢を見、大きな期待をもって移住してはきたが、そこには厳しい現実が待ち受けていた。物部は元来あまり頑強なからだの持ち主ではなかったが、そんなことはいってはおられない。

一人ひとりを訪ねてまわった。と言っても、日本のように「向こう三軒両隣」というわけにはいかない。一日歩いて一軒に着けばまだいい。何日も何日も歩き続けて、ようやくひとりの神の羊を訪ねたこともあった。

担架に載せられながらも

そのために、彼の肉体はだんだん衰弱してきた。でも、待っている信徒のことを思うと、彼らを見捨てることはできない。広いコーヒー畑の真ん中には医者もいない。みんな祈った、祈った。しかし、遂に起き上がることのできなくなった物部は、担架に載せられながらも一軒一軒をまわり、声の出るかぎり御言葉を語り続けた。しかし、遂に力尽き、掘っ立て小屋の中でみんなに賛美されながら召されていった。その時には、まだ教会は一つもできていなかった。

しかし、その物部の命がけの伝道に心を打たれ、先に移住していた田名網七五三吉少年（『ブラジル福音ホーリネス教団宣教五十周年記念』田名網七五三吉 編著、1980年）は献身を決意し、物部の遺族の日本帰国に同行し、東京聖書学院に入学し、ブラジル福音ホーリネス教会を産み出すのだった。物部の見た夢が、田名網少年らによって実現したのである。こうして、一粒の種はブラジルの地に落ちて多くの実を結び、南米各地に教会を産み出していった。

ブラジルに着いて二日目、物部の眠る墓にいった。

――ここに命がけで地球の裏側で、力の限り伝道し、たった四年余りで、いわゆる「日の目」も見ないで召されていった若い聖徒がいたのだ。その命がけの伝道によって、今この群れはあるのだ――そう思ったとき、言うことのできない感動に襲われるのだった。

ブラジルの日本人二世は良く働き、良く学び、勤勉である。今では、社会的にも地位を得ている。しかしそのためには、無一物で移住してきた一世の苦労は並大抵ではなかったろう。彼らはブラジルに移住するというよりは、ブラジルで一儲けし、日本に帰国し、日本のために貢献しようとして出稼ぎに来ていた。数年経てばある財を得て帰国できるはずであった。ところが日本が第二次世界大戦に突入するや、

「もう帰国するには及ばず。」

と日本に縁を切られてしまった。その結果、歓迎されない地球の裏側の辛酸は並大抵のものではなかった。そんな中で、子どもたちにも最初は日本語ばかりを教え、帰国したときに困らないようにと教育していたが、その展望も打ち砕かれ、このままではこのブラジルでも生きていけないことが分かり、ポルトガル語を習わせ、自分たちはどんなに厳しくても、子どもたち

はこのブラジルに貢献できるように育てた。しかし、日本には「神風が吹く」と信じ込んでいた日本人たちの中に「勝ち組」と「負け組」が生まれた。その結果は、教会の中にもいやおうなく入り込んできた。しかし、祈りに祈って一つとなり、子どもたちには「ブラジルを愛し、ブラジルのために」と教えた。

それが功を奏したのか、特にクリスチャンは日本人社会でも、ブラジル社会でも物の言える人々が育っていった。

落語でも話せればな—

いく先々で歓迎され、ある田舎の小さな教会に行ったとき、

「この教会が最初にできたのですよ」

と、誇らしげに語ってくれた姉妹の喜びに満ちた顔が今も浮かんでくる。これらの方々は、戦中、戦後の厳しい中で営々と教会を守ってきた方々なのだ。ブラジルの教会も、このような方々の祈りと犠牲によって支えられているのだ。

ある地方の教会に行ったときのことである。

「先生、明日の夜は日本人会主催の、集会がありますからよろしく。」

と言われた。

教会での説教ならいいが、「日本人会」での話となると、困ってしまった。でも、頼まれて「いや」とは言えない。

「先生、大丈夫！　先生が日本からきてくれただけで、ほんとうに喜ぶんだから……。」

そういわれて、それでもダメだともいえない。日本人会の集会に臨んだ。集まった集まった。会場は500人位でいっぱいだ。みんな飢えているのだ。遠い人はバスで何時間もかけてきたという。

〔ここで落語でもやれば、どんなに喜ばれるだろうな〕

と誘惑がよぎるが、そんなことできもしなければ……。

〔自分は伝道者だ。伝道者としてここに来ている。福音を語らなければならない。〕

神さまが自分をどのように救いに導いてくださったか、その後どのように恵みをもって導いてくださったかを、約一時間たっぷり話した。やはり日本は懐かしいのだ。日本からきたというだけで、うれしいのだ。それにもまして、福音はすばらしいグッドニュースだ。

集会が終わっても、みんななかなか帰ろうとしない。旧交を暖め合っている。まさに一つの家族のようだ。

四面楚歌？

ブラジルはなんと言っても広い。日本の23倍の面積があるという。中心地のブラジリアまではバスで行ったが、そこから今度は、北部のマナウスまでは飛行機で行くことになった（現地の人々はバスで何日もかけていくそうだが）。それが6人乗りのセスナ機。そんな飛行機に乗るのは初めてだ。乗員は操縦士ともうひとり。飛行機が飛び立ったと思うと、そのもうひとりの男性が大揺れに揺れる飛行機の中を歩きながら、コーヒーをサービスしてくれる。すぐ下は、密林地帯。大声を出せば聞こえるような低空飛行だ。あまり揺れるので、

〔もしや落ちたら……。〕

と思ったが、他の人は皆平気だ。何時間飛んだだろうか、セスナ機は無事マナウスに着いた。サンパウロは標高の高い所にある涼しいところだが、マナウスは赤道に近く暑い暑い。

それよりも、だれも迎えに来ていない。電話番号は聞いていたが、電話をかけるには普通のコインは使えず、マナウスだけの電話専用のコインに替えなければならない。さて、どこで交換すればいいのか、第一言葉が通じないのだ。心細くなってきた。否、ほとんど「パニック状態」。

〔どうしよう、どうしよう！〕

その時だ。

〔最初ここに来た人々、宣教師たち、どんなに心細かったことだろう。〕

そういう思いにふけっていると、

「やあ、先生、良くいらっしゃいました！　少しは待ちました？」

「少しどころでないよ、もうパニクっていたよ。」

といいたいところだが、そこはグッとこらえて（これもブラジル時間か）とあきらめて、

「ええ、たいしたことではありませんでしたよ。」

と格好つけてはいたものの、内心は穏やかではなかった。

しかし、その夜から三日間の集会は楽しかった。ここでは日本から遣わされた宣教師が、私設の学校を開いて主に仕えておられた、まだ、まだ学校にいけない子どもたちもいるという。

おかげでアマゾン川は渡りはしなかったが、少し出ることができ、何種類もの大きなピラニア、一面に広がる海中木マングローブの林も見ることができた。

留守家族の戦い

確かに40日のブラジル巡回は厳しかったが、それなりに豊かなもてなしと未知の世界のすば

らしさ、福音を語ることができることに酔いしれ、恵みと楽しみも多かった。

ところが留守を守る者たちは大変だったらしい（「らしい」とは他人事のように聞えるが、やはり他人事か）。長男と次男は聖書学院に入学し、残された3男が大学生、4男は反抗期の真っ盛り……。

〔辛いことはわたしに任せて、自分は歓待を受けている？〕

そんなこととは露知らず、地球の裏側で伝道を満喫していた。今考えると申し訳なさでいっぱいだが、それらしいことも何一つしてやれない不甲斐ない自分……。

それでも、喜んで迎えてくれた。やはり家族はすばらしい。反抗期の息子は相変わらずだが、教会もよく支えてくれた。腹の立つこともあったであろう。こうして欲しいという要望もあったであろう。でも、一言も不満をいわずにサポートしてくれた。このような教会の支えがあったからこそ、今があることを今更のように思わせられる。

他人の立場に立つのは難しい

やがて長男も次男も聖書学院を卒業し、牧会に当っていたが、長男に続いて次男も留学したいという。何も知らないわたしたちは、

ブラジルに迎えられて
右：委員長、著者、同窓の南保師、梶村師

「いいじゃあない。学ぶチャンスはそう有るわけではないから、道が開かれてきたらいいじゃあない。」とまるで他人事のように返事した。

それまで、だれかが留学したといわれると、なにかすばらしいような、羨ましいような思いが、わたしの心のどこかにもあったのかもしれない。しかし、それが自分たちの中に起こってみると、こんなに大変だとは思いもよらなかった。しかし、できるかぎりのことをして、後は主に委ねて送り出した。

自分ができなかったからではない。若い牧師や伝道者に学ぶチャンスを与えて欲しいという願いからであった。それは教会にも教団にも今も訴えたい。還元されないかもしれない。しかし、教会や教団の、否、日本の将来は若い伝道者の将来にかかわっている。聖書学院から命がけで伝道する若者が生れ出て欲しい。そのためには、若者に夢を、教会は、そして教団は持たせなければならない。

特別集会も良い。そういう機会でなければ来れない人、そういうチャンスでなければ決断できない人もあるのだから……。

しかし、特別講師を呼んで、その時には確かに人は集まるかもしれない。確かに福音を伝えるチャンスにはなるかもしれない。しかし、一度に10人、20人こられても、とても手が回らない。そして、また元のように3人、5人、10人に留まってしまうかもしれない。断っておくが、それがいけないというのでは決してない。わたし自身島根の片田舎の大工の息子だ。あの十字軍の伝道がなかったら、今の自分はない。それは充分知った上で、なお、若い伝道者に資本をかけて欲しい。学ぼうとする意欲のある人にはチャンスを与えてやって欲しい、金に糸目をつけないで……。これは無理なことなのだろうか？　若いときに世界に出て見聞を広めてきたらい い。確かに今は日本にいても、世界の裏側のニュースはパソコンで見られる時代なのだ。しかし、やはりパソコンで見るのと、自分の足と、自分の目で見、自分の耳で聞くのとでは違う。

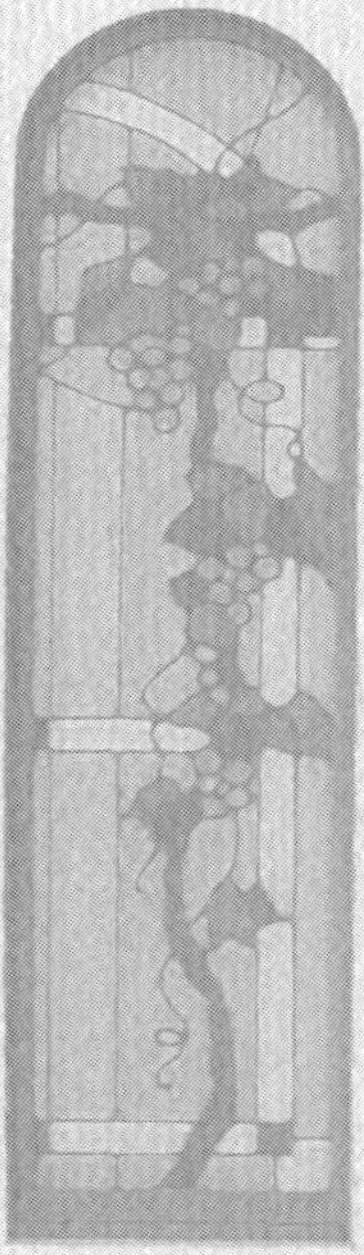

7 地域に仕える

1990年代〜

「先生！　知ってる？」

日曜日の礼拝が終わってからだったのか、月曜日だったのか定かではないが、N姉が深刻そうに、また訴えるように話してこられた。それに相づちを打つようにE姉も、

「そうなんですよ。この教会の裏に11階建てのマンションが建つらしいですよ。そうなったら、一日中日は当らないんですよ。」

まったくの寝耳に水である。これはわたしたちの教会だけの問題ではない。北側に住む人々すべての問題である。

〔こんなとき教会はどうしたら良いのだろうか？〕

考えている時間もなかった。

「明日、みんなに集まってもらいましょうよ。」

ぐずぐずしているわたしを押し出すように、話は進められていった。

翌日、近隣の方々が教会いっぱいに集まってこられた。既に、事情は皆知っていた。

「とにかく、一日中日が当たらない、一番被害の大きい教会の牧師に会長になってもらい、反対していきましょう。」

「一番被害の大きい」

といわれれば、断る理由はない。しかし、相手は大手のデベロッパーだ。どこから手を付けていいのか分からない。まったくの素人ばかりだ。中には木場公園を造るという都の構想に協力し、当時は3階建以上は建ててはいけないという指導に従い、ここに移転してきた方々もある。だのに、今度は11階とは何事だ。住民の怒りは頂点に達した。

毎週月曜日の夜集会を開いて対策を練った。特に女性パワーはすごかった。自分たちのできることはなんでもした。わたしは名ばかりの「会長」で、みんなが良く支えてくれた。第一次協議は3年間続いたが、ついに相手は一時中断することになった。

しかし、あくまでも中断に過ぎなかった。やがて第二次案を持ってきた。今度は周囲を少し空ける代りに14階建てにし、日照を少しでも和らげるという。しかし、それで納得するような住民ではなかった。

大学教授を招いて勉強会もした。出かけても行った。出来ることは何でもした。何度弁護士に相談に行ったことだろう。訴えることの出来る所にはどこにでも出ていった。今度は四年間続いた。社会の不正にも目が開かれてきた。弱い立場にある方々の味方にならなければならないことも分かった。しかし、壁は厚いし、高かった。

痛みの共有

聖書以外何も知らない者がこんなことに頭を突っ込んで、と家族からいわれたりもしたが。こんなことでもなければ、なかなか地域の方々とは親しくなれないのが現状である。それに、これによる被害者に教会関係者が何人もいたので、社会勉強のつもりと、弱い立場の人々を放って置けない自分の正義感が頭をもたげ、大企業の横暴をどうしても許せなかった。

そのために、こんな事でもなければ知ることのなかった方々とも知り合いになることが出来、多くの学びをさせていただいた。そして七年、バブル崩壊も手伝ってマンション建設計画は中断を余儀なくされた。やれやれ！

行政に何度足を運んだか分からない。そこで知らされたことは、日本の行政はなかなか住民の側には立てないのか立たないのか、「前例」と「法律（条例）」と「建前」に終始し、からだを張ってでも大企業の前に立ちはだかり住民を守ろうとする姿勢は、残念ながらなかなか見えてこなかった。議会の傍聴や陳情の空しさも、嫌というほど経験させられた。日本の社会はまだ成熟していないだろうか……。「長いものには巻かれろ」がまかり通る社会なのか。首都東京のど真ん中でも……。弱い立場の者、痛む者の痛みはなかなかわからないのだ。「障害者」という言葉で表現されているように、まさに日本の社会では、彼らは「障害」なのだ。これが首都東京の現状なのだから、地方社会で伝道しておられる信徒や牧師たちはどんなに戦いのあることだろう。地方の教会の牧師たちには頭が下がる、無力なわたしである。

最近またマンション建設計画が浮上し、戦いを再開している。今も該当する地域に住む方々は懸命に戦っておられる。事業者には事業者の立場があろう。しかし、ここで永く平穏に暮らしていた方々にとっては、巨大なマンションは一度建ってしまえば、半永久的に日照が奪われるばかりではなく、平穏な生活は奪われてしまい、町は一変してしまう。強者が弱者を踏みにじっていいのだろうか。巨大な事業者の前には地域の住民は全く力がない。それはあの忌まわしい戦争中の民衆、戦後の連合軍の前の敗戦国の国民と、相通じるものをわたしは感じるのだ。

今は直接的な被害はないとしても、弱い立場の人、痛み悩む方々の何とか力になれないものだろうか、悩む毎日である。永い間、地域に土着していた（?）教会が、今地域から遊離したとしたら、この教会の存在意義は?これはわたしたちにとって一大事なのだ。微力であっても束になるならば、力になるのではなかろうか。「数は力なり」は教会では幅を利かせてはならないのではなかろうか?小さい者、弱い者、痛む者こそイエスが「天国は彼らのものである」と言われた者たちなのだが……。

著者、妻淑子

しかし、先日読んでいた本に、次のような一文があった。

「教会形成の労苦を新たな決意をもって受け止めたとき、改めて気づかされたことがあったのです。教会のために犠牲を払い、労苦を引き受ける歩みをつづける時、新しく見えてきたことがある。それは、既に教会のために、そういう労苦を引き受けてくださっている人々の姿です。一生懸命教会のために献身的につくす生活をしていく時、必ずそれが理解され受け入れられるわけではないのです。そういう時、思わず兄弟の罪を数えあげたり、自己犠牲のリストを並べたくなるのです。しかし、そういう時こそ、教会形成のために今自分が味わっている労苦をすでに味わってくれている兄弟たちの姿に、おそまきながら気づく時になるのです。私は牧師の立場で教会形成に携わってきました。牧師の立場でしか、ものが見えてこない限界があるのです。

教会形成に打ち込み、労苦を重ねていく中で、一緒に労苦してくださる信徒の方々の教会への献身と労苦を学びました。牧師の至らなさが信徒に重荷を負わすこともあるのです。そういう時、陰で謙遜に牧師を助けてくれる信徒の姿が見えてくるのは素晴らしいことです。そこから、もう一歩深まった牧師と信徒の交わりが生れてくるからです。教会形成の労苦を共に味わうことは、牧師と信徒、信徒相互の交わりをより高貴なものに変化させていくように思います。」（『教会形成の要点』山口隆康著、鳥居坂教会文庫57頁〜59頁）

他人のことをとや角いうことはやさしい。しかし、現実にはなかなか他人の立場には立てないものだ。そういう者をも、主は赦し、その赦しのゆえに赦し合うことができるのだ。

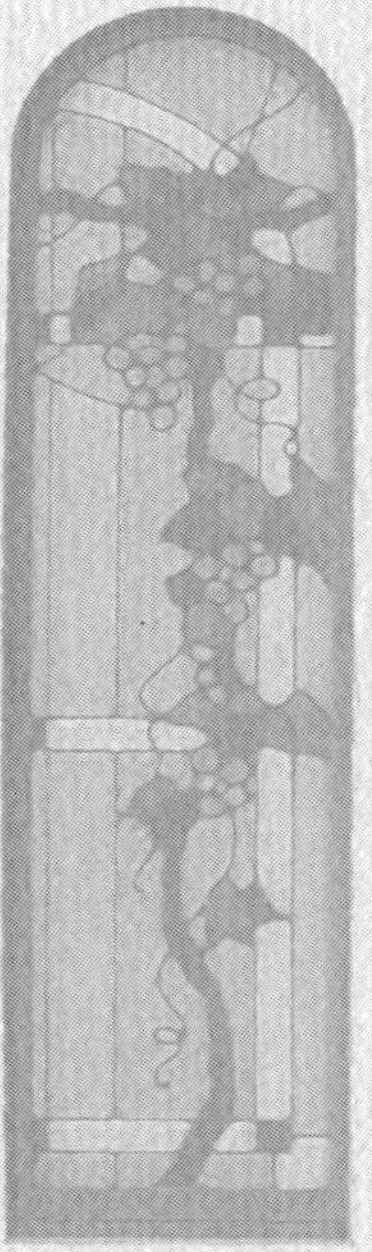

8 聖地旅行

1990年代

エジプトにおける奴隷

モスクワ上空、ヨーロッパ上空を経て、ロンドンヒースロー空港に12時間かけて着いた。さすが年末のロンドンは寒かった。ここでエジプト行きに乗り換えるのだ。エジプトへは数時間、眼下に見える地中海を横切ってカイロに着いた。カイロは暑い、半袖で充分だ。一泊して早速エジプト博物館の見学、エジプト王朝時代のさまざまな美術品を見ながらスフィンクス、ギザのピラミッドを目の前にしたとたん、みんなは興味深いことと、その偉大さに圧倒されていたが、わたしの心にはいうことのできない痛みのようなものを感じた。

このピラミッドを作るとき、また王朝の絢爛豪華な装飾品を見るにつけ、そこにはあのパロの奴隷になったイスラエルの民のような人がいたのではないだろうか。虐待に虐待を重ねられながら、あの石が積み上げられたのではなかろうか。（最近の学説によると、当時かなりの賃金が支払われていたという説もあるが）そのようなことに思いふけっていると、どこからともなく少年たちが集まってきて、

「ワンダラー、ワンダラー」

と叫びながら、おもちゃとも装飾品とも、お土産品ともつかないものを売りつけるのだ。添

乗員から、

「決して買ってはダメですよ。」

とはいわれていたのだが、こんどは品物を倍にして、

「ワンダラー、ワンダラー。」

とバスに乗り込むまで売りつけるのだ。

〔一ドルで買ってやれば、あるいは彼らの生活の一部になるのでは〕

と思うと、ついつい買っても土産にも何にもならない葦か何かで作ったラクダのようなもの10個も買わされる羽目になっていた。彼らは学校にも行けず、生活のためにやらされているのだろうか？　あるいはその背後に親ならぬ、いわゆる手配師のような者がいるのかもしれない。

いつの時代にも弱い者にしわ寄せがきている現実をそこでも見た。

そこの博物館の脇でモーセの時代から使われていたというパピルス紙の製造実演をしていた。パピルスの皮をはぎ、つぶして糊を塗り、さらにそれを伸ばして紙にするという。それに書いていたらしい。

外に出ると一面の砂漠、年間の降水量は50㎜、レストハウスはあるが用はない。みんな汗にもならず蒸発してしまうという。

紅海を潜る

やがてバスは紅海に近づいた。添乗員から、

「このトンネルは日本の企業が作ったものです。」

との説明があった。あっという間にトンネルに潜ってしまった。

イスラエルの民は、前には紅海後ろにはエジプトの軍隊、不安と喧騒の中でモーセの手にした杖によってこの「紅海」は二つに分かれ（実際はもっと北部のようであるが）、何百万人もの人々がこの紅海を渡り、それを追いかけてきたエジプトの軍隊たちは海の藻くずと化してしまったのだが……。

しばらく走ってバスは止まり、紅海を目の当たりにした。大きな貨物船やタンカーが行き来している。なかなか三千年前には戻れない。

「この辺りかな？　民たちがタンバリンを打ち鳴らして感謝したのは……。「ああ、あの残虐なパロの圧制から解放されたのだ。もうれんが造りもしなくてもいい、子どもといっしょにいられるのだ。お父さんといっしょに生活できるのだ」と叫びながら踊り狂ったに違いない」

それにしても、わたしたちはモーセならざるイエス・キリストの十字架と復活によって、パ

ロのくびきならざるサタンのくびきから、罪の支配から解放されたのに、どれほどの感謝をしているであろうか。当然のことのように思い、感謝を忘れているばかりか、不平や不満がどんなに多いことだろう。踊り狂わなくてもいいが、心からなる感謝はささげたいものだ。

しばらく行くと、イエスが生まれて間もなくヘロデの剣を逃れてエジプトに行ったといわれているが、その際母マリアとともに密かに隠れていたといわれる所に教会があった。そこがその場所かどうかは分からない。中に入ることはできなかったが地下室に通じる小さな入口があった。

「ああ、イエスはナザレからここまで逃れて……。」

やがてはやる心を抑えて、まず（エジプト風？）昼食。ナイル川で捕れたという魚の塩焼きに野菜、ナンに似たものに大きなチーズなどで、まずは腹ごしらえを。

呟く民

紅海を渡って三日、さすがに焼けつくような旅路、三日前の感謝はどこへやら、

「のどが渇いてたまらないよ、水をくれよ、水、水。」

だれかがいった。

「あそこに水があるよ。」

「えっ、こんな所に水が……。」

「水」と聞いて、われ先にと走っていった。だれかが飲んだ。しかし、苦くて飲めたものではない。

「苦いよ、苦いよ、こんな水、苦くて飲めるかよ。」

みんなの目は一斉にモーセに向けられた。(モーセの責任ではないのに……)

モーセは主の前に訴えた。主は彼の訴えを聞き、一本の木を示し、それを水に投げ込むようにといわれ、そのようにした。

「どうだ、飲んでみろよ。」

「あれ? さっきはあんなに苦かったのに、おーい、みんなこの水おいしいよ。」

われ先にと、先を争って水を飲んだ。

その「メラ」は通り過ごし、またしばらく辺り一面砂漠の中をバスは走る。これでは、のどが渇いただろうなあ。お年寄り、右も左も分からない子どもたち、それに多くの家畜を連れている。

〔分かるなー、呟いた民の気持ち……〕

おまえが分かってどうなる?

やがてバスはそれほど大きくはないが、ナツメヤシの木のある近くに止まった。ガイドが案内したのは「エリム」だという。

「えっ、こんな所?」

小さな池のような所があり、水らしきものは何もないが、そこだという。まあ、後代の人がつけた所かもしれないが、とても大勢の人が水が飲めるような所ではない。まさに砂漠の真ん中に、ぽつんとその一箇所だけ緑がある。

さらに進むと一二月だというのに（真夏だったらどんなであっただろうか?）所々に雑草が枯れている。しばらく進むと岩山ばかりだと思っていたのに、急にナツメヤシの林が出現した。そこに住むベトウィンの人々にとって唯一の食料だと、ガイドはいう。

ここまできたとき、イスラエルの人々の荒野の旅を思い起こした。わたしたちは観光でこうしてきている。しかもバスで一日でシナイの麓まできた。しかし、モーセに導かれたイスラエルの民たちは、いつ、どこに着くとも知れない旅、昼は雲の柱に導かれ、夜は火の柱に導かれての旅だった。元気な青年だけではなかった。病人もいただろう。子どもや老人もいただろう。彼らの呟くのが分かるようだ。彼らを批判するのは易しい。しかし、まさに「主が共に」おられなければできないことだっただろう。ほむべき主よ！

シナイ山頂で朝日を！

わたしたちの旅行団の最高齢者は八〇才を超えたおばあちゃん、元気なのだ。それに、大阪からの参加者で在日韓国の方で七十歳代の男性。麓の簡易宿泊所でひと休みして、午前二時に出発するという。かの男性は、

「わたしは無理をしないで留守番しています。」

という。それも良かろう。ところが、最高齢の人気者のおばあちゃんは登るという。宿からほんとうの麓までが歩きにくい砂漠。いよいよ、これから登るというとき、未だ真っ暗だ。するとどこからともなく出てきたラクダの一団。

「ツーダラー、ツーダラー。ラバ、ラバ、ラクダヨ。」という。乗っていかないかと片言の日本語で語りかけてくる。でも、ほとんどの人が岩肌の道を登っていく。

辺りはまだ真っ暗だ。

すると、だれかが、

「やっぱり、ラクダに乗せてもらうよ。」

と二ドル出した。まさにごつごつした岩山。ひと足ひと足登る。まだ夜は明けない。どの位たっただろうか、だれかが、

「もうすぐだよ。すぐ頂上だよ。」

という。しかし、例のおばあちゃんは、

「わたしはここが限界、ここで待ってますよ。」

無理はしないほうがよい。ひとり付き添って、後はまた登り出した。

遂に登頂！　頂上は教会（？）らしきものが建っているが、10人も入ればいっぱいだ。周囲は人でいっぱいだ。みんな朝日の昇るのを待っている。やがて東の空が赤くなった。

「日の出だぞ、日の出！」

岩山の峰の重なり合ったはるか向こうが赤くなった。やがて真ん丸の日の出。「ハレルヤ！ハレルヤ！」の歓声。拍手が一斉に起こる。

さて、これから下山だ。賛美しながら下山していると、韓国の観光団の方々と出会い、握手攻めに合いながら、主にある者の幸いを確認し合い、記念にパチリ。下山は速いが危険だ。途

中で待っておられたおばあちゃんと再会し、共に下山。麓に広がる広場。ここで民衆はモーセを四〇日も待っていたという。〔ここで金の子牛を作り、戯れていたのか。無理もなかろうなー〕と民に同情もしたくなる。

ホテルに帰りひと休みした後、いよいよイスラエル国境に。検問所でパスポートと荷物検査。地続きではあるがエジプトとイスラエル。中東の厳しさを感じる。

ロトの妻よ

イスラエル領内に入って、バスはどの位走ったであろうか。あちらこちらに、ナツメヤシの林が見えるようになり、やはりイスラエルに入ったことを思わせられた。やがて、左手にある岩山は岩塩でできた山だという。そしてそこに大きな衝立のような塩の柱、これがソドムゴモラの滅亡のとき、神の命に逆らって家に残してきたものに対する未練から（？）後ろを振り向き、塩の柱になったロトの妻の塩の塊だという。

〔はてな？　今もロトの妻はいるかな？〕

わたしたちもささげたものや、捨てたものに未練を残さず、後ろを振り向かず、前に向かって進まなければ、ロトの妻のことはいっておれないぞ……。今夜のホテルに着いた。きょうはもう遅いから、明日早く起きて海に入ってみようという。

〔早く明日にならないかな？　まるで遠足前の子供のようだ〕

早速、朝になるのを待ちかねたように、入る者たちがいた。水は塩でドロッとしている。塩気の辛さはまた格別だ。

不思議なように、立とうとしても立てない、浮いてしまう。

〔やっぱり！〕

これでは、魚も棲めないはずだ。からだじゅうじっとりだ。

ザアカイよ

シャワーを浴びて一路エリコに。急に緑が多くなってきた。モーセが先遣隊を派遣したのもここだった。砂漠で生活していた彼らにとっては、さすがにこの「緑」は魅力であったに違いない。

「ここはすごい。これはすごい」と歓声を上げたに違いない。四〇〇年のエジプト生活、パロのもとでの厳しい苦役の生活、果てしないレンガ作り、四〇年の荒野の旅、それを終えてモーセ亡き後を引き継いだヨシュアに先導されてヨルダン川を渡った。しかし、そこに待ちかまえていたのは強固なエリコの城壁であった。そこは今は跡形もなく崩れ落ち、城跡が残されているばかりである。どうして、あの強固な城壁が崩壊したのか？　それについてはヨシュア記が明白に記している。

「ああ、ここか。」

あまりにもすっかり崩れ落ちているので、「ほんとうのエリコの城は、他にあるのではないか」と疑うほどだという。

エリコ城跡を後にしてバスは、大木のある公園（？）に着いた。その大木は一見すると桑の木のように見える。ガイドの説明によると、そこはザアカイがイエスさまと会った場所だという。

「ザアカイよ、急いでおりてきなさい。今日あなたの家に泊まることにしているから。」

といわれたとき、登ってこっそり見ていた木だという。

〔そういえば大きな木だなあ〕

と思ったり、

〔あれから二千年経っているからなあ〕

とも思ったり……。

「ザアカイよ、これがその木かどうかは別にして、イエスさまに会えて、イエスさまと一緒に食事ができて、イエスさまとお話ができてよかったね。おまえのゆえに、多くの人がイエスさまに出会うこともできるんだよ。」

といってやりたい思いにもなった。

「ありがとうよ、ザアカイ君！」

ペテロの魚

車はどんどん北上し、ようやくガリラヤ湖畔にあるホテルに着いた。実に肥沃な地のようだ。翌朝早く起きて海岸に出てみると、水がしみ出てしっとりとしている。南とは全く違う果物の豊かさ。オリブの実とナツメヤシの実は絶品だ。

今日はガリラヤ湖畔をゆっくりと巡り、ピリポ・カイザリヤまで足を伸ばすそうだ。途中イエス時代の住宅跡や、当時使われていたという石臼などが転がっている。

「これがペテロの家跡ですよ」

とガイドはいう。その上に記念教会も建っていた。ペテロたちが漁をしていたという港（?）。ここで彼は「人間をとる漁師にしてあげよう。」と召されたのか。そこは港ともいえないような岩が残っているだけであるが……。

少し丘を登ったところ、そこが「山上の説教」をされた丘だという。

「なるほど、ここなら丘陵になっており、大勢の人が話を聞くことができただろうなあ」

と思われる。そこで礼拝をささげ、昼食はテベリヤで。そこでイエスが税金を支払うために、ペテロに言い付けて魚を釣らせ、その魚の口の中から銀貨が出てきたといわれる「ペテロの魚」が昼食に出た。銀貨は出なかったが、おいしかった。

あなたはわたしを誰というか

一行はガリラヤ湖の源流にまでのぼることになった。そこはピリポ・カイザリヤ。川幅はだんだん狭くなり、水の流れもだんだん小さくなってきた。「源流」というのは、こんなに小さなものなのか。だれかがいった。

「こんな小さな流れが、あのガリラヤ湖に流れ、ヨルダン川に流れているのか？」

そこには泉がこんこんと湧いていた。そこはかつてイエスが弟子たちに、

「人々は人の子（ご自分のこと）をだれといっているのか。」

と聞かれ、

ペテロの召命教会（ガリラヤ湖にて）

「ある人々は……、ある人々は……。」

といい、それに対して、

「あなたがたはわたしをだれと言うか。」

と聞かれ、ペテロは弟子たちを代表するように、答えていった。

「あなたこそ、生ける神の子キリストです。」

と。そこで、イエスは、

「あなたはペテロ（岩）である。そして、わたしはこの岩の上にわたしの教会を建てよう。」

といわれた場所である。

こんこんとわき出る泉。そのようにイエスを主とし、救い主と信じる教会は、ここからスタートしてガリラヤ湖はおろか、今や全世界に……。

ひとりの人の信仰告白が、全世界にまで影響を及ぼしていくのである。あなたやわたしの信仰告白も、そこに留まっていないで、イエスが「わたしが与える水は、その人のうちで泉となり、永遠の命に至る水が、わきあがるであろう。」といわれたように、永遠に続くのだ。

とんでもないカイザリヤ

ピリポ・カイザリヤを後にした一行は、エズレルの平原。ハイファのキション川などを見ながらカルメル山に。エリヤがバアルの預言者、アシラの預言者を向こうに回し「火をもって答える神を神としよう」と対決した場所。小高い山の上にはエリヤの像が悠然と立っていた。その頂上にもナツメヤシの木が実をたわわに実らせ立っている。エリヤに思いを残しながらわたしたちは、カイザリヤに向かう。

途中、イエスが育たれたナザレの村の教会、そこはまたイエスが水をぶどう酒に変えられたところでもあり、みんなぶどう液をお土産に買った。受胎告知教会には世界各国から贈られた聖母子のモザイク画が飾られている。それを見ると実におもしろい。日本の画家が描いたものは和服を、韓国の画家が描いたものは韓国服を、中国の画家が描いたものはチャイナドレスを着たマリヤだ。

やがてバスは夕日を浴びながらカイザリヤに着いた。そこには巨大な水道橋が通っていた。

ピリポ・カイザリアにて

ヘロデ大王がカルメル山の麓の泉から六キロにもわたって引いたという。王の権力をほしいままにしたのか。

日は傾いていたが、カイザリヤの円形劇場に着いた。さすがにすごい。海岸に向かって半円形にできている。実によくできている。最上段の端にいても、ステージの声がはっきり聞こえるようにできている。シャッターをきる者、「聞こえるかー」と叫ぶ者……。

そんな中で事故は起こった。ステージがそんなに高く見えなかったので、ステージから飛び降りた。

「あれっ。」

おかしい、足首が痛い。みんな帰るバスに急ぐ。靴を脱いで足を冷やすが、一向に痛みは和らがない。とにかくバスでホテルに。しかし痛くてたまらない。タクシーで大学病院に行き診察を受けることになった。レントゲンを撮った結果くるぶしの骨折。足首から股までギブスをはめられたまま放りっぱなし。

救急患者が次々運び込まれ、廊下のような所に置かれたまま……。いちばん困ったのは言葉。さっぱり分からない。からだは動かしてはならないというから、トイレにはまいったな。泣くに泣けない、時間が経たない。

困り果てていると、イスラエルに留学中の姉妹が旅行者の方と一緒に来てくれた。ああ、助かった。

「今困っているんだ。」

「何がほしいですか？」

「何もほしくないよ、それより、『トイレ』って何というんだ。」

「『……』といえば分かってくれますよ。」

ああ、これで一つ解決……。

ギブスがまた今では考えられないほど古式なのだ。重たいし、きついし、遂にナイフを入れて切ってもらい、ホテルに帰った。

ああ、何ということだろう。旅行団の（名前だけでも）「団長」がこれではね。

ついに最後に見ることになっていたエルサレムは一切見ずに、ホテルにひとり寂しく缶詰め。

車イスでの帰国となってしまった。とんだ聖地旅行の幕切れ、カイザリヤだった。

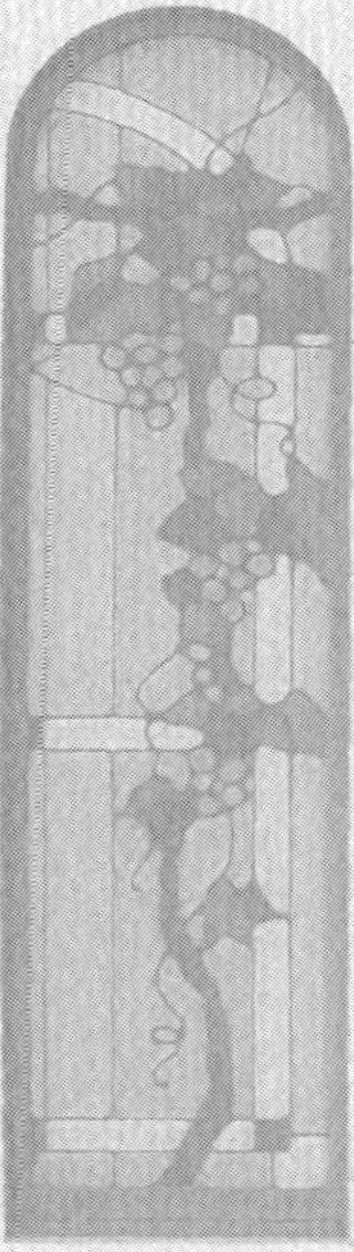

9　事務所で仕える

重荷でない主のご用はないよ

東京に赴任したとたんに、なにも知らないうちに青年部の主事になっていた。なにをしていいのかも分からない。今まで、関西にいて無責任な本部批判に終始していた自分が、今度は批判される側になってしまった。批判しているうちはよかった。何の責任もないのだから……。

そんなある日、横浜のO先生がひょっこりおいでになった。

〔O先生がなんだろう?〕

と思っていると、あの温和な先生が握手して、

「錦織兄弟、げんきかい。東京はどうだい、少しは慣れたかい?」

「やあ、なかなか慣れなくて……」

「ところで、今日は君に折り入ってお願いがあってきたんだが、『再建二十周年記念運動』の事務局をやってくれないかね。責任はわたしが持つから……」

「事務なんかやったことはありませんし、それにそれはわたしには重荷ですよ」

というと、それまで和やかな顔をしておられた先生が、急にきりっとした顔をされ、

「君、主のご用に重荷でないものなんかないんだよ。楽な主のご用があるかい、あったら教え

てくれよ」

と、諭すようにいわれた。七十を過ぎた大先輩の先生が、三十代半ばの青二才に頭を下げて頼んでこられたのだ。これにはまいった。

「分かりました。やらせていただきます」

とはいったものの、字は下手、計算感覚・事務能力ゼロ。さあ、大変！

週一回当時は大体火曜日に東村山の教団事務所に行くのだった。いわれたことから始めたが、第一手紙を書くことが大の苦手、字を書いてしばらくすると、自分でも自分の書いた字が読めない……。さあ、困った。これでは仕方がない。持ち帰って、妻に口述代筆してもらうことにした。ときには何十通。会議の議事録も……。今のようにパソコンはおろか、ワープロもなかったときのことだ。しばらくして名古屋で公立学校の事務をしながら伝道牧会していた義兄から、学校で使い古したタイプライターを譲ってもらったときには大助かり。今のように宅配便のない時代、名古屋まで取りに行き新幹線で持ち帰ろうと思ったが重くてどうにもならない。後で、義兄が車で運んでくれた。助かったなあー。どんなに感謝してもしきれない。

それに書類の整理がまた大変。当時はまだ、それぞれ牧師が風呂敷包みに包んで持ち歩いていたから、どこに何があるのかさっぱり分からない。聞いても、

「さあ、ねー」

あまりしつこく聞くと、

「ない、ない、ないから君に頼んでいるじゃあないか」

としかられる始末。

第一、「事務」の何たるかを知らない事務職員でない牧師、想像もできようというものだ。それに、今までの牧師は「一匹狼」、「怖い物知らず」であったかもしれないが、何でも自分でやる、否、やらざるを得なかった。それがからだと心に染みついている。それが、事務所で勤まるのか？　勤まるか勤まらないかは問題ではない、やらざるを得なかった。必然的に、仕事は家に持ち帰って妻にやってもらう、否、やらせた。すこし自分より文字がうまいということ、計算ができることをいいことに、何でもやらせた。ひどい夫だ、いまでは申し訳ないと思っているのだが……。

がり版きり

はじめてみると、意外にみんなに知らせられていないことが多いのに気がついた。事務所で何をしているのか？　教団本部とはどんなところか？　委員会では何が話されているのか？

事務所風景

それを必要最小限各教会の牧師と役員には知っていただきたいと思うようになった。そこで「事務局ニュース」を出すことにした。といっても、これも手仕事だ。最初は「謄写版印刷」ですることにした。これも妻の手を借りなければ何もできなかった。やがて手回しの印刷機に、次いで電動式印刷機に、「ガリきり」も前述したタイプライターが手に入るとそれに随分お世話になった。今では考えられないようなことだ。それでも、「機関誌」には載せきれない委員会の協議事項などを載せた。しかし、どれを載せてどれを載せないのか、どの位載せるのかなどさまざまな問題があった。なかには「余分な仕事ができた」と不満を持つ者もいたかもしれない。でも事務所の職員はよくやってくれた。なるべく東京（本部）と地方の間隔を狭めたかった。それも、どこからか「不要論」が出てきて、いや、こちらも疲れて一つの使命を果たし廃刊になってしまった。はじめることは易しいが、続けることは至難の業である。

手が足りない

やってみると、さまざまな要求が出てくる。特に、財政的な事の専門家はいなかった。みんな牧師が片手間仕事でやっているのと、それでも手が足りないと若い、それも女性の伝道者が駆り出された。しかしそれらの方々も、次の年会になると充分な引き継ぎもなされないまま、有無をいわさず教会優先で派遣されて行った。次の人は何がどうなっているのか分からない。

「だれか探してください。」

といっても、どこ吹く風……。

「あなたが探しなさい。そんな人はいませんよ。」

とすげなく（？）あしらわれてしまうこともあった。

そんな折り、思いがけなく他教団からひとりの姉妹が与えられた。神のなさること実に不思議だ。一も二もなくお願いすることにした。初めてのフルタイムの職員である。「職員」といっても充分の給料が出されるわけもない。まだ幼いふたりのお子さんを連れての勤務、どんなに大変なことだったのか。お子さんにもどんなに大きな犠牲を強いたのかと、今になって「申し訳なかったなぁ」と心が痛む。「伝道第一、事務……。」そういう風潮が教団を覆っていた。無理もない。みんな食うや食わずでスピリットだけで伝道しているのだから……。でも、みんな文句いわずに働いてくれた。特に委員会が重なるときなど大変だ。資料の準備からお茶出しはもちろん昼食の準備までてんてこまい……。大変だった。特に会計事務は大変だったに違いない。

「さあ、どうする?」

困り果てた末、深川からひとりの姉妹に週二日きてもらうことにしてその場をしのいだこともあった。

しかし、そんな事がいつまでも続くはずがない。「事務がきちんとされないと教団は動かない」と強く信じるようになり、まだはしりであったオフィス・コンピューターの導入を検討するよう教団委員会に進言した。しかし、今では考えられないような高額であり、年間のリース料も相当なものだった。しかも、導入を依頼した業者も普通の会社の経理と違い、件数は多く金額はわずかな教団の会計……。なかなか軌道に乗らなかった。でも、リース期間が満了する度に、それまでよりも安くて高度なものに変えていった。「事務は教団の中枢」とのわたしの考えは、今も変わらないのだが、果たしてこれが分かってもらえるかどうか……。わたしは楽しくやらせていただいたが、周りの方々は大変だったに違いない。様々なわがままと迷惑をかけた。申し訳ない思いでいっぱいである。

教会に仕える事務所

よく「教団本部は……。」ということを聞く。

「教団本部とは？」そこには聖書学院のチャペル兼聖書学院教会の礼拝堂はあっても、「教団本部」なる看板はない。

そこで、事務職員に、

「わたしたちはあくまでも事務職員であり、教団本部の役員ではない。決定権は責任役員や各部長にあり、わたしたちは彼らの指示にしたがって事務に徹することである。わたしたちの仕事は教会に仕えることである。だから、電話を受け取るときも『ハイ、こちらはホーリネス教団事務所でございます』というように徹底しよう。」

と何度も話したりしたが、地方の教会では、そこにいる者が責任のある本部員なのだ。今でもそれは変わらないかもしれない。意識を変えること、他人の立場に立ってみることは、いかに大変なことであるかを、今さらのように知らされた。事務の何たるかも知らない者、強引で、他人のことを配慮できない者、全く無能な、こんなわたしに……。でも、こんなわたしにみんな良く仕えてくれた。今思うと冷や汗ものだ。感謝に絶えない。

違った主人に仕える祝福

国でも大統領や首相が変われば、その下も変わるのが通例である。国ではときどき官僚ががんばって大臣を追い出すこともあるが……。

それは教団においても同じである。わたしたちの教団には責任役員が九人おり、そのうちのひとりが代表役員、すなわち教団委員長ということになっている。しかし、それは責任役員の互選ではない。まず、代表役員が選ばれ、その後で残された代議員のうちから責任役員が選ばれる。だから、代表役員、すなわち委員長の権限と責任は大きい。

わたしは五人の委員長に仕えさせていただいた。ある委員長は、「自分が責任をとるから、君ら充分力を出してやってくれたまえ。」といわれるかと思えば、ある委員長はその責任感から、全部把握しなければガマンができない。それは当然のことである、2万人もの責任者なのだから……。

しかし、多くの方々に仕えることができ、心から感謝している。でも、やりにくい先生方も居られただろうなあ。時には反抗もしたんだから……。(「時には」ではないよという声無き声も聞えるが……）主にあってお赦しを！

机の向きが違う

ある時こんなこともあった。朝出勤してみると、

「あれっ、机の向きが違う。」

「わたしの机は？」

「きれいに掃除までしてある！」

と大騒ぎ、事務所はきれいに掃除されている。どうしたんだろう？

その委員長は、委員長室のみならず、事務所の掃除をし、「この机は、こっちを向いていた方がよいのではなかろうか」と変えられたらしい。

次の週行ってみると、また変わっている。やっぱり、こっちがよいと思われたらしい。しかも、きちんと掃除されて……。

そんな週が何週か続いて、ついに切れた。

「先生、委員長が事務所の掃除されるなんて……。それに机がこんなに毎週変えられていては……。先生から、委員長に言ってください。」

早速、委員長室を訪れた。

「先生、先生は掃除なんかしなくていいんですよ。する人がいますから……。みんな辛いんです、先生に掃除なんかされては……。それに机も毎週変わっていたのではやりにくいんですよ。でも、先生の意向があればおっしゃってください。それを参考にしながら、わたしたちがやりますから……。」

「いや、悪かった。そんな気持ちではなかったんだが、車の都合で早く着くものだから時間つぶしに、じっとしておれないんだよ、おれは。ごめん、ごめん、みんなに謝っておいて……。」

「そうでしたか。それは分かりますけど、止めてください。」

と強硬に申し入れた。以来机は移動されなくなった。さすがは委員長だ。

物置のような事務所もだんだん整理されていき、不思議なことであるが各教会の教団事務所に対するイメージも徐々に変わっていった(?)。

今まで通りやっていくことは何でもないことであるが、今まであったものを変えていくこと(改革していくこと)はそう簡単ではない。そのことを彼はわたしに身をもって教えてくださった。

委員長が送り迎え

先にもふれたが、何人かの委員長に仕えることができ、わたしはほんとうにさいわいであった。普通であれば、わたしが（公用車で）送り迎えすべきであろうが、当時まだわたしは車もなければ免許もなかった。だから当然電車で月曜、火曜、ときには火曜、水曜に通勤した。帰りが火曜日のときは、その委員長が遠くから東村山まで数時間かけておいでになり、執務をこなして、また数時間かけて帰られるのであるが、よく一緒に帰ることがあり、いや送っていただいた。ときにはもうひとりを乗せて、途中より道をして、直行すれば二時間で帰ることのできるところを、上野や深川に立ち寄るために「三時間、四時間もかかったよ」といわれたこともあった。

また激しい教団委員会の議論を車中継続のこともあったが、もうひとりは後部座席で「天にも昇る心地で」すやすや、ときにぐーぐー。

「彼は仕合わせだなぁ」

「彼は疲れているんだよなぁ。あれだけみんなの議論の中に巻き込まれて……。彼は祈っているほうが、主と交わっているほうが向いているからなぁ。申し訳ないなぁ、こんな雑用させて……。」

やはりさすがは委員長、上に立つ者の思い遣りであろう。しかし、わたしにとっては主にあるよき交わりのときでもあったり、普段のストレスの発散のときでもあったり、教会や家族のことを忌憚なく話せるさいわいなときでもあった。

かなり古いディーゼル車で送っていただいたことが昨日のように思い出される。その彼も、聖書学院の大改築と、ご自分の牧会されていた教会の会堂建築を並行して遂行され、引越をようやく終えて牧師の書斎の整理中に倒れて、あっという間に召されていった。

彼のモットーの一つ。

「聖書をして語らしめ、われをして従わしめよ」であった。彼はそれを実践していかれた。

知らぬは……

こんな事務については「ずぶ」の素人、それでいて厚顔無恥、やりにくいこともたくさんあったに違いない。しかしみんな嫌な顔ひとつせず、無理なことをよくやってくれた。また長い間、わたしよりも先輩の牧師夫妻が、よく助け、よく仕えてくださった。なんと感謝していいかわからない。

しかし、25年もやっていると、いつの間にか、そんなつもりではないのだが、ワンマンになり、権力も集まるようになった。創立百周年を区切りに教団の構造改革とともに事務所を退職し、事務から解放された。振り返ってみると、〈何をやってきたかな？　申し訳なかったなぁ、迷惑ばかりかけてきたなあ〉と思うことしきりである。

また、自分はそう考えていなくても、そう受け取られることのあることを知らされ、未熟さを知ると同時に、権力の恐ろしさも知った25年でもあった。まさに、「主のあわれみ」だったなあと思わざるを得ないし、厚顔無恥ゆえにご迷惑をかけた方々、嫌な思いをされた方々には主にあってお赦しいただきたい思いでいっぱいである。

しり拭いは?

戦後間もなくであったか、渋谷駅前辺りでよく街頭伝道をしたものだ。その中にはもうかなりの高齢になっておられた賀川豊彦もいた。彼は自分の時の少ないのを知っていたのか、今伝えておかなければと思ったのか、声の限り叫んでいた。

「みなさん、イエス・キリストはあなたの、わたしの後始末をし、しり拭いをしてくださったのですよ。しり拭いを！」

自分の後始末も難しいが、他人の後始末、他人のしり拭いなどだれがしてくれるだろうか？

教団の事務所に仕え、また教団の責任の一端を担わせられたとき、問題の後始末、特に人事の問題は教団の責任者の頭を悩ませることばかりであった。

開拓伝道地にぜひ行ってほしいという人がいて、交渉を依頼されたこともあった。

「先生に、ぜひ○○の『マケドニヤの叫び』に応えて開拓伝道に行ってほしいんだけど……。」

「いや、ダメです。わたしには『マケドニヤの叫び』は今の箇所からしか聞えません。」

これではとりつく島もない。

あるときは、どうしても今のところから転任していただきたいとの要望が教会から出たこともあった。ところが、どうしても動きたくないという。困り果てた教団委員会は、あるとき、本人に上京していただいて、委員長と共に駅の地下の喫茶店で、

「先生に、ぜひきていただきたいという教会があるんですが行っていただけませんか？」

といって動いていただいたことも何度かあった。なんとかその心を傷つけまいと配慮したつもりであるが、傷つけた方がどんなに多いことか分からない。その度にわたしたちの心は痛んだのだが……。

転任はひとりのときばかりではない。独身のときや子どもが幼少の頃はあまり問題ではなかったが、その子どもが学齢にあるときには転校等があり、そのしわ寄せが子どもにくることが多い。

そして、その傷の癒えないこともあり得るのだ、主にゆだねる以外にないのだが……。

あるときは、こんなこともあった。

明日は任命式だという前の晩。

〔ああ、これで明日任命式までこぎつけた〕

という思いで風呂に入っていると、一緒にはいっていたある牧師から、

「先生、わたしは絶対に行きませんから、変えてください。これから委員長のところに直談判に行きますよ。」

「えっ。もう任命は明日ですよ。」

「だから行くんですよ。」

「強引だねー。」

「強引がわたしの取り柄……。」

とかいわれて、風呂冷めしないように重装備して、緊急に委員会が開かれたこともあった。

でもその先生が今すばらしい働きをしておられるのを見聞きするにつけ、あの任命式前日の夜の風呂の決断を思うと、唯々主の御名を崇めないではおられない。

またあるときには、教団の戦略としてある地方の中心都市に開拓伝道をしようとしたことが

あり、そのために開拓伝道向き（?）ではないかと思われた牧師を呼んで、なんとか新しい開拓地にいってくれないかと直談判したこともあった。しかし強硬に断られてしまい、
〔任命制度とは何なのか〕
と頭を抱えたことが何度もあった。それでありながら、都合が悪くなると、
「教団は任命制度だから……」
と食いさがられる始末。なかなか難しいね。自分のことではないから、こう言っておられるのだろうか?

転任?

しかしそれは、他人事ではなかった。まず責任者が率先して転任しようということになり、白羽（?）の矢はわたしたちにも降りかかってきた。〔家族にどう切り出そうか?〕と思案した。しかし、わたしたち夫婦は結婚したときから「神さまの御旨には従う。したがって、神さまがお立てになった指導者には従う」ということを鉄則にしていたので問題はないように思いながらも、いざ、現実にそれが自分の身に降りかかってきた場合は、原理や原則とはまた違う。しかし、ここで従わなければ、「神さまの御旨には従う」と言い続けてきた家族にもしめしがつか

ない。言い出すまでは悩んだ。「仮面うつ病」はまたもや顔を出しかかったが、教団の責任者の方々が教会には説得にきてくださり、一応の了解が得られたので〔やれやれ！〕。早速、

「今度○○教会に転任することになった。」

みんな何のことだか分かったのか分からなかったのか、キョトンとしている。

しかし、そうと決まれば前進あるのみ、早速後任者も決まり、その先生も下見に来られたり、学校の転校手続きなども進められていた。

気の早いわたしは、早速荷物、特に書籍を段ボールに詰め、高く積み上げていった。ところが妻の方は一向にその気にならない（？）のか、

〔う簡単にいくものですか？〕

というような顔をしている。そして、その通り、直前になって無かったことになってしまった。それにしても、人事は難しい。うまくいった場合には、自分の功績、うまくいかなかった場合には教団の責任……。割に合わないのが教団委員長をはじめ教団委員の方々だ。教団委員の方々に敬意を表《ひょう》する。

それにしても、わたしたちの判断は誤ることもある。しかし、いつもその全責任を負い、わたしたちの失敗や過ちのしり拭いをしてくださるのはイエスさまなのだ。

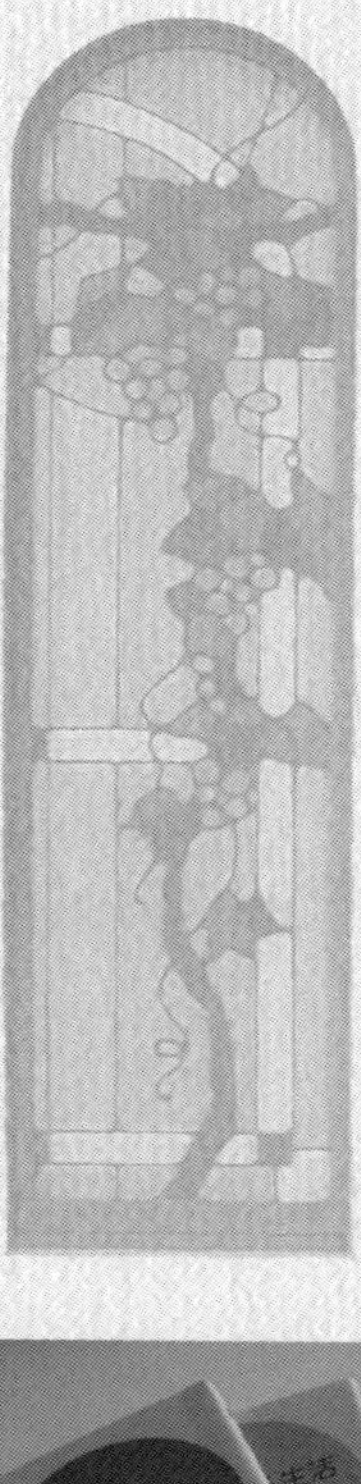

10 出版に仕える

出版物

これでいいの？

わたしたちの先輩にはすばらしい説教者がたくさんおられた。しかし、その先輩たちの書かれたものはあまりなかった。聞いたものは、時と共に忘れられていく、どんなに感動しても、その感動はいつまでも残るものは少ない。

聖書学院時代に、関西のある有名な説教者が聖書学院で説教されたことがあり、その説教者に心引かれて転校していった者もいた。ある者は、その説教者のテープもすり切れるほど聞き、風呂の中でも感動しながらその説教をまねるほどであった。しかし、それも時とともに忘れ去られてしまった。

バプテスマのヨハネは、自分について、

「わたしは荒野で叫ぶ『声』である」

と言った。「声」は「言葉」になるとともに消えていく、忘れられていく。しかし、「言葉」は残る。

〔何とか活字にして残せないものか？〕

何度も考えはしたが、実現することは無理だと思っていた。

そんなある日、ふとしたことから1冊の書籍を手にした。その中にこんな一文があった。

「コップの中に泥水が入っているとしましょう。その水は、しばらくじっとしておきますと澄んできます。しかし、またかき回すと、泥水になってしまいます。わたしたちの信仰生活も、この泥水のようなものです。何事もないときは、穏やかで平和です。しかし、いったん何事か起きると、この泥水のようになります。もう大変です。ドロドロです。でも、主の前に出てしばらくすると穏やかになってきます。この穏やかな時間をどう持ち続けていくかが信仰生活なのです。」

というような趣旨のことが書かれていたように思う。

それを読んだとき、

〔なるほど〕

と思うと同時に、

〔えぇ、どうして泥水をいったん捨てて、新しい清水を入れないのかな？〕

という思いに捕らわれてしまい、

〔こういう書籍をみんなに読まれたのでは、困るではないか。ほんとうにホーリネス人が安心して読むことのできる本を、自分たちで出すことはできないだろうか？〕

と真剣に思うようになった。といっても、そんな資金がどこかにあるわけではない。ない頭を絞りだすようにしているときに、ひとつの考えが浮かんだ。

ホーリネスメッセージを

〔そうだ、説教集を出そう。説教集ならば、どこかでだれかが聞いている、公にされている。〕

そこで、当時聖会で聞き深い感銘を受けたものを出そうと思った。それだって資金はないが、説教は自分がテープ起こしをする。それをまず新書判くらいで出す。しかもそこに掲載する先生方に、一編につき一回の広告代を出していただこう。先生方には原稿料は払えないから、現物をその分くらい渡そう。そこで、ひとり、ひとりアタックした。強引であるのは充分わかっていたが、そうしないではおれなかった。なにかに取り憑かれたように……、

「〇〇先生、今度先生を含め、何人かの先生方の説教を集めて、ホーリネス人が安心して読むことのできる説教集を、だれでも買うことのできる新書判で出したいと思っていますが、協力していただけませんか。」

「僕の説教なんか、だれも読んでくれないだろうが、それは良いことだね……。」

「良いことでしょう。なんとか出したいんです。そこでお願いですが、説教一つについて〇万

円広告費として出していただけないでしょうか。その分、現物を少しですが、お渡ししますから……。お願いします。説教は耳で聞くのと、それをじっくり読むのとでは違うんです。耳でどんなにすばらしい説教を聞いたとしても、1日、いや長くても一週間は覚えていませんよ、ほとんど。でも、活字になったものは、何回でも読めるんですよ。だからお願いします。お願いします。」

「強引だね、君は！」

「強引なのはわかっています。でも、ぜひ先生の説教を全国の信徒に読ませたいのです。」

少しオーバーなのはわかっていたが、お願いした。

ついにみんな協力してくださった。ある先生はシリーズになっており、どうしても三篇お願いした。

「おれは三つかよ、まあ、いいよ、協力するよ。」

「ありがとうございます。感謝します。」

「敗けたよ、君には……。」

これで一つの山は越えた。

表紙も教会員の画家に無料でお願いすることにした。

「今度、こんな本を出すんだけど、表紙お願いできないのかな？　何も出せないけど……。新書判で、黒以外は一色で。本の題は『約束の国』。」

彼は快く、

「いいですよ、2週間ほど時間をください。」

彼にはでき上がった本を一冊渡しただけ。今考えれば（あの大画家に申し訳なかったなぁ）と思うのだが、そのときにはそんなこと考える余裕も、知識もなかった。

こうして出されたのが、ホーリネスメッセージ・シリーズ！『約束の国』である。どうやら印刷費も支払うことができた。これは好評を博し3版を重ねた。以来「ホーリネスメッセージ・シリーズ」を何冊か出したが、これだけではなかなか原稿料を払うまでにはいかない。でも、みんなよく協力してくださった。

デボーションの必要

毎日のデボーションの必要を感じていたとき、カウマン夫人の『荒野の泉』が何度も版を重ねていることを知り、この『荒野の泉II』を翻訳して出版することにした。そして何人かの先生方に翻訳をお願いした。これを推進してこられた先生が、寄せられた翻訳の原稿をごらんになり、やはりひとりの人が書いた方がいいし、翻訳の匂いがして日本人にはなかなか受け入れにくいといいながら、ご自分で書き始められた。しかし、これは大変な作業であった。

ところが、その三月の教団総会でご自分が教団委員長に選出されたので、それどころではなくなってしまい、超多忙な日々がやってきた。そこで、一度に続けて読むのではないから、多少の違いはあっても、翻訳の匂いのするところがまたいいということになり、そのまま出版にこぎつけた。

これも好評をいただき10版を重ねたところで、「字を大きくしていただけないか」との要望が出て、その後はA５判にして出版している。カウマン夫人はこのほかに『谷間の泉』『日の出に向かって』（高齢者向け）、『慰めの泉』（悲しみの中にある人へ）を出版していたので、それらをも翻訳出版することができた。その後、『荒野の泉』の現代英語版が出たのを機会に『潤った園のように』として出版した。これらには、教職だけでなく、信徒の方にも協力をいただくことができ、これもまた大きな収穫であった。

「でも、多くの方々に迷惑をかけたなぁ」

という思いが今でも心の片隅に残っている。

計画と挫折

神さまはすばらしい賜物をもっている人々を群れに備えてくださっていた。M教授は中間時代と新約、特にグノーシスに造詣が深く、その「ローマ人への手紙」の講義には定評があった。そこで、なんとかそれをひとりでも多くの人々に分かち与えてはいただけないものかと、相談を持ちかけたところ、多忙ではあるがなんとかできそうな感触を得た。「書き下ろし」、しかも「注解」となるとなかなか忙しい牧師兼教授、それに当時は聖書学院の教頭でもあり、教団の要職にもあり、まさにひとりで何足もの草鞋を履いておられるような状況であった。

それでも、なんとか活字にしたかった。そこで、毎週できた分ずついただくことにし、しつこく要求した。それをワープロでまず打った。最初は原稿用紙に書かれた字を覚えることからした。教授の字は達筆であったが、それだけにわたしには分からない字もあって苦労もした。

こうして原稿は6章に入り佳境にきた。ワクワクしながら原稿を受け取り、ワープロを打ちながらも、

「アーメン。アーメン」

と恵まれ納得しながら打った。特に6章14節までは、著者もかなり力を入れ、思いを込めて書いてくださった。どの位かかったであろうか。ついに最後の原稿をいただいたときには、目

頭が熱くなった。

「ついにやったね、先生！」

というと、

「おまえにやらされたんだよ！　でもよかった。」

「ほんとうにありがとうございました。」

出来栄えもよくできた。

わたしの頭の中には次に「ホーリネス注解シリーズ」があった。ホーリネス人による日本人の肌に合った注解書が欲しかった。そこで、これを第一巻にして次々出していくつもりでいた。だから『ローマ人への手紙』が終るやいなや、

「先生、コリント人への第一の手紙もお願いします。」

といった。しかし教授は、

「ローマほど情熱が湧かないんだよ。」

といわれたが、そこは持ち前の強引さ、ついに、同じようにして「コリント人への第一の手紙」も出版にこぎつけた。その後、『ローマ人への手紙』は好評を得て、注解書では珍しく版を重ねることができた。

それが終るやいなや、どこからともなく、

「M先生の『新約聖書概論』がとてもいい」

ということを耳にした。

しかし、当時彼は教団委員長の要職にあり、とても原稿を書くことのできる状況ではなかった。しかし、それがビデオに撮られているという。そこで早速、ビデオを音声だけテープに吹き替えてもらい、それをテープ起こしをして添削していただきたいと、申し出た。しかし几帳面な先生は、やはり自分で書くとおっしゃる。

〔やはりそうだろうなー〕

と思いながらも少しずつテープ起こしをした。でも、

「それでは君に悪いから、自分で書くよ。」

と、やはりおっしゃった。しかし、一切手抜きしない先生は、現実は超多忙であった。しばらくして、教団委員長の要職からも解放され、

〔やれやれ〕

と思っていた矢先に突然先生は急逝してしまわれた。

悔しかった。しかし、わたしの思いはつのるばかり……。

『新約聖書概論』の「あとがき」から引用してみよう。

「なんとかして『新約聖書概論』に日の目を見せてやりたい」という願いは日増しに強くなり、奥様の諒解もいただき、日に夜を継ぐようにして最初はビデオをテープに吹き替えしたもの、後にはビデオそのものからテープならざるビデオ起こしに取りかかった。それはまさに授業に出ているかのようであった。ときにはうなずき、ときには膝を打ちたたきながらパソコンに向かった。ようやくヨハネの黙示録まで打ち終わった頃に、「修養生（神学生のことをそう呼ぶ）の間に、先生の授業を筆記し、原稿にしたものが出回っている」というニュースを耳にした。早速それを手にして、耳で聞いているだけでは分からないものや、図表などはかなり参考にさせていただいた。

大体の原稿ができ、奥様にも目を通していただいている中で、先生の講義のフロッピーが出てきたというのだ。早速ご子息に印刷していただき、それをも加筆することができ、授業では時間の都合等で講義できなかったものをも入れることができた。

聖書学院の講義を起こしたのだから、時間的な制約や受講する相手によっても、かなり違ってきたであろう。だから、かなりの時間を割いて講義された箇所もあるし、また割愛されたところもある。それは実際の講義だからである。先生が実際に執筆されたならば、そのような箇所も配慮しながら、均衡のとれた原稿になっていたのかもしれない。それだけに、他では見ることのできない『新約聖書概論』であると確信している。」

教団も構造改革が進み、出版事業も縮小しなければならなくなった。これを最後にほとんど手を引き、『ホーリネス注解シリーズ』も2冊で中断を余儀なくされた。

『栄光の富』の出版

K院長にもなんとか書き残していただきたかった。すると、「礼拝で『ローマ人への手紙』を話したものがあるから、あれを出してくれないかな？」といわれた。かなり厳しかったが、意を決してA5判で600頁にも及ぶ大著を『福音の輝き』という題で出版することができた。これも『ローマ人への手紙講解説教』と改版して版を重ねることができ、その後『イザヤ書講解説教（上・下）』も合本にして版を重ねた。以来全新約聖書の講解説教を出すことができた。

先生のライフワークである「ウェスレー神学」について書いてくださるようにお願いすると、

第一作として今まであちこちに書かれたものを『キリスト教の確かさ』として小著をまず１９８６年に出版した。その後、先生が数年かけて礼拝で話された「教理説教」を『栄光の富』（４巻もの）として出すことができた。これは啓示論からはじまり、終末論に至るまでを4巻に収めたものであり、総頁１４００頁にも及ぶものであり、ワクワクさせられながらワープロ打ちさせていただき、だれよりも先に読ませていただいた。感謝に絶えない。実にこれも好評を博し、3巻に至っては3版を重ねるほどである。

そして最後に、先生のライフワークである「ウェスレー研究」について『聖化論の研究』としてA５判で４５０頁を超える大著を出版することができた。

『聖書は語る』『キリスト教の起源』の出版

F教授から、

「聖書66巻の説教のテープがあるけど、これを出して貰えないかな？」と相談を受けた。相談というよりも頼まれた。頼まれると「いやです」といえない性格が災い（？）して引き受けることになってしまった。

創世記からヨハネの黙示録まで66回に亘ってなされた説教である。

はじめてみると、これが文章にできるのかと困るものも出てきた。語ったものはほとんどが忘れられているが、文章にすれば残る。そこで、なるべく固有名詞は使わないことにした。自分が読んでみて、〔ダメだ〕と思ったものは、

「これではダメです。出せません。」

と疑問が残るものは返して返事をもらうことにし、かなりやり取りもしたし、激論もした。

ところが、66回分を文章化しているうちに、なにか知らないが不思議な感触を覚えるようになると共に、引き込まれるものを感じるようになった。特に高齢者や痛みを抱えている者に対する思い遣り、どんなに世の人々からダメな者と思われている者でも、主イエス・キリストによって有益な者と変えられること、どんな罪人でもイエス・キリストにあるときに変えられることが、くり返しくり返し語られていることに虜にされてしまい、ついには自分もそう語っていることに気がついた。これはわたしにとって『聖書は語る』を出版させていただいた大きな収穫であり、心から感謝している。

その後、新約聖書も「バイグル・リーディング・シリーズ」として『マタイによる福音書』から『ヨハネの黙示録』まで出す予定で、現在後一冊残されている（2007年3月刊行）。そんな中で教授のライフワーク（？）『キリスト教の起源』を出すことになった。これは説教集では

なく学術論文であり、語られたものではなく先生が自ら書かれたものである。それにしてもこれはかなりラディカルなものである。

これは現実にこの地上に、わたしたちと同じように生活された「人間イエス」が、どのようにして「神の子キリスト」と信じ受け入れられたのかを学術的に論じたものであり、いわゆる「史的イエス」と「信仰のキリスト」の問題であり、わたしたちの教団には馴染まないもののようにさえ思われた。

そこでまたふたりはかなり話合い、激論し合った。わたしはわたしなりに訂正を申し入れ、また著者からの再訂正もあったが、信仰の書というよりも学術論文として出版する決断をした。活字になるすばらしさも、またその怖さも知った。

こうして出版されたもの90点、中には何度か版を重ねたものもあるが、中には「絶対売れるよ」と太鼓判を押されて、半ば押し切られるように出しながら処分に困ったものもある。それに活字離れとIT革命等なかなか厳しい出版業界ではあるが、書くこと、読むことに意味がある。もし記された啓示・聖書がなかったならば、と思うと未練の残る課題ではあるが……。

それにしても労に倍する祝福をいただいた。心から感謝している。

出版の副産物――説教者よ、心せよ――

講壇は説教者の独壇場である。それだけに心しなければならないことが多い。

まず「人の批判は絶対にするな。」だれでも一つや二つの欠点や批判されるようなことはある、みな罪人だもの。だから日本人の諺にも、「人の振り見てわが振り直せ」とあるではないか。批判されたら、それに耐えられる人はだれもいない。

また「人の歓心を買うことに心を奪われるな。」説教者も人の子、「今日の説教に感動しました」といわれてうれしくない者はいない。かなり昔のことになるが、ある有名な説教者に、

「先生、今日の説教はとてもすばらしかったですよ。」

というと、その説教者はすかさず、

「さっき、サタンもそう言っていたよ。」

といったとか……。それほどに誘惑も強いものなのだ。

また「話すことは正確であれ。」説教者は話しているうちに、油が乗ってくると調子に乗る危険性がある。そんなとき、うろ覚えのことを話す危険がある。スポルジョンの回心についても、行った教会が田舎の教会であったり、都会の小さな教会であったり、そのとき話していたのが

少年であったり、老人であったりする。肝心のところは変わらないから良いようなものの、正確でなければならない。

わたしたちが聖書学院で学んだ頃（1950年代）は、未だ戦中弾圧を受けた先生方が健在であった。そして、昭和の初めのリバイバルのこと、1942年の弾圧のことはよく聞かされたものだ。そして、

「ああ、そうだったのか、やはり良い所に来たなぁ。」

〔測りなわは、わたしのために好ましい所に落ちた〕（詩篇一六6）の感がして感謝したものだった。そしていつの間にか、自分がその中にいた者でもあるかのような錯覚に陥ることさえもあった。

ある説教集を編集しているときのことである。その説教者は、勇ましく（?）

「戦時中、他の人たちは、宮城遙拝し、戦意高揚に協力していましたが、わたしたちの群れは違いました。弾圧を受けても屈しなかったのです。」

と語っていた。

その原稿を起こしながら、

「はて？　ほんとうにそうだったのだろうか？　戦意高揚のために祈らなかったのか？　宮城

遥拝はしなかったのか？　東南アジアを侵攻していたとき、それに賛意を示さなかったのか？」

そんな疑問がむくむくと沸き上がってきた。沸き上がった疑問は、抑えておくことができない。早速聖書学院の図書館に駆け込み、当時の「きよめの友」や「霊光」を片っ端から調べた。すると、驚くことに「戦勝記念祝賀行事に参加せよ！」「宿敵撃破に感謝！」「宮城遥拝励行せよ！」「戦勝祈祷会を！」という文字が踊っているではないか。

当時少年だったわたしも、「シンガポール陥落！」に湧き立ち、「鬼畜米英！」に躍らされ、「神風特攻隊」に憧れ、「絶対に神風が吹く」と信じてやまなかったし、そういう風土は全日本のあらゆる階層に浸透していた。だから、当時の教会に「戦勝祈祷会を！」と書かれていたとしても少しも不思議ではない。しかし、

「わたしたちはあの戦争に協力しなかったのです。否、却って弾圧されたのです。」

といい切ったのでは、これらの記事をどう説明すればいいのだろうか。当時のことを知る者としては、当時の指導者たちを非難したり批判したりする気持ちはサラサラ無い。

しかし、

「わたしたちの先輩たちは、それに抵抗し、弾圧を受け、殉教した純粋な血を流してくれたのです。」

とだけいい切ってよいのだろうか。

確かに弾圧は受けた。しかし、それは「再臨信仰」が問題ではなかったのか。「当時の教会のことを知らない者が、何を言うか！」といわれるかもしれない。そういわれたら、もうなにもいうまい。しかし、「戦勝記念祝賀行事に参加せよ！」「宿敵撃破に感謝！」「シンガポール陥落に感謝！」「半島人徴兵制度実施感謝式」と機関誌に書き、それを読んだ純粋な信徒や教職はどうしたのだろうか。

これらのことが実施されたかどうかは、わたしは知らない。そこにいなかったのだから……。しかし、「しなかった」とはいい切れないのではなかろうか。

そこで、著者の諒解を得て、
《わたしたちの先輩は、当時の政府に協力しなかったのです》という項は削除することにした。

それと共に、教団委員会に対してこれらのことに対する見解を質す質問状を出した。

いい加減にしておけない性格がここにもひょっこり、また頭を出した。

このような一牧師の質問を当時の教団委員会も真摯に受け止めてくださり、慎重な調査と審議がなされ。その結果1997年に「日本ホーリネス教団の戦争責任に関する私たちの告白」が発表される遠因になったかもしれない。

謝罪委員長！

M委員長は実に勤勉実直、几帳面で妥協を許さない性格の持ち主であり、その牧会においても聖書学院での授業についても、どんなに忙しくても疲れていても、いっさい手抜きはなさらなかった。

それだけに和協分離した旧ホーリネス系教会との関係修復には、実に真摯に取り組まれ、自ら「おれは謝罪委員長だな……」といいながら関係修復を図り、「中田重治宣教百年記念大会」（2001年5月21～22日、会場：ウェスレアン・ホーリネス教団淀橋教会）では、実行委員長を務め聖餐式を執行し、イエス・キリストの十字架のあがないによる和解の完成を確認された。またアジア・南太平洋地域ホーリネス教会連盟（現世界ホーリネス連盟）では、大会に先立ち自ら関係各国を訪れ戦時中の日本の行為に対して謝罪してまわられた。

「創立百周年記念大会」を無事に終え、「これから聖書学院のためにも、心置きなく励んで貰える」と思っていた矢先、あたかも「自分の使命は、これで終わり」というかのように、突如として主の御許に召されていった。イエスさまのように「謝罪委員長」に徹して……。

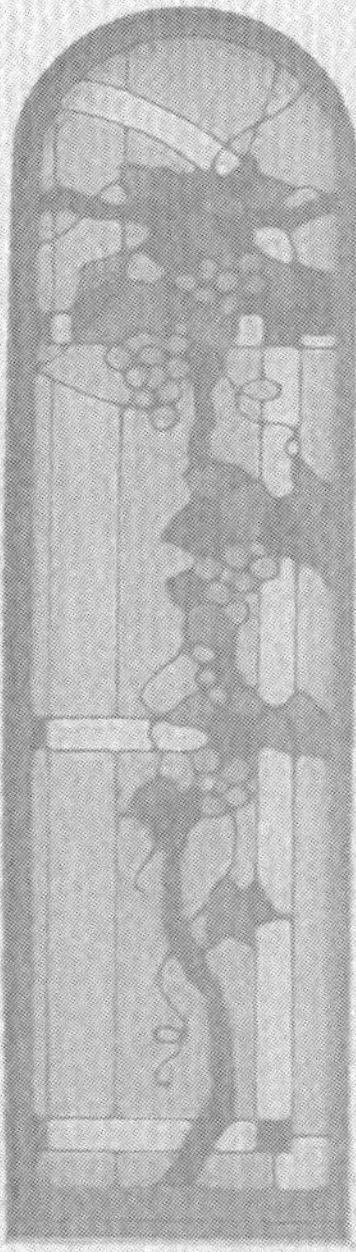

11 エピローグ

「無理なく長く」が実るとき

深川に遣わされ間もなく40年になる。わたしたちが遣わされる十三年前1955年（昭和30年）にこの教会は再建された。そこで、再建五十年を記念して何か記念事業をしようということになり、「再建五十周年記念事業実行委員会」なるものが、2003年の総会で決定した。その委員会の傘下に、式典委員会、伝道委員会、記念誌編集委員会、記念事業委員会の設置を承認した。しかも委員会では「記念礼拝及び記念式典」は、原則としてこの礼拝堂を使って行うこととし、伝道会にも特別なゲストは呼ばず、深川教会に関わりのある牧師を1年掛けてお呼びすることにした。そして、記念事業に何をするか、どのようにするか等もみんなで喧々《けんけん》諤々《がくがく》話し合った。

そんな中にあるとき、突然会堂移転問題が持ち上がった。

話はさかのぼるが、1955年に献堂された会堂は、川端京五郎兄が、みずから病気を押して最後のご奉仕にと、戦災で焼けた会堂の建築をほとんど独り（あるいは一族）で献げられたものであった。

わたしたちが遣わされて数年したとき、ある兄弟が「今度はわたしたちみんなで教会建築をしよう。といってもすぐできるわけではないから、少しずつでも献金しよう。そのためには一口百円、『無理なく長く』をモットーにまずスタートさせよう」と呼びかけられた。報告の度に「無理なく長く、無理なく長く」といわれるので、気の短いわたしは、ふと心の中で、〔無理のない献金なんかあるかよ！〕と思ったりしたこともあった。しかし、それは続けられ、また特別献金も献げられた。

でも、「道遠し」の感は否めなかった。年と共にわたしには一つの迫るものがあった。それは、わたしはいつまでも生きているわけでもないし、いつまでもここに居られるわけでもない。しかし、当時牧師館として借りている家もかなり老朽化し、次にこられた牧師に続けて借りられる保証もない。それが頭から離れなかった。

祈っていますよ

２００３年に教会に与えられた御言葉は、「あなたがたは急いで出るに及ばない。また、とんで行くにも及ばない。主はあなたがたの前に行き、イスラエルの神はあなたがたのしんがりとなられるからだ」（イザヤ書五二12）であった。

２００２年の秋、東京聖書学院に１９５５年に入学した者たちが千葉県下で「同期生会」を持ち、互いにあかしをし合いさいわいな時を持った。帰りにひとりの方と同乗し、車の中でも

恵みを分かち合った。その時、
〔主許し給うならば、一度深川に来てメッセージしていただきたい〕
という思いがふつふつと湧いてきた。その方のご主人は教団委員長を6年もなさり、その間に聖書学院の理事長として聖書学院の増改築の責任を担われ、同時にご自分に委ねられている教会も会堂建築を終え、書斎を整理しているときに脳内出血でアッという間に天に召された。
その後のあかしを聞きながら、
〔やはり来ていただこう〕
という思いになり、わたしが他の教会に行って留守のときではあったが、来てメッセージをしていただいた。その後、先生からお礼状が来て、その最後に、
「深川教会の会堂のために祈らせていただきます」
としたためられていた。
それを読んだとき、今まで考えていないのではなかったが、主はわたしの心に、
〔○○先生がわたしたちの深川教会の会堂にために祈ってくださる。わたしたちが祈らないでいいのだろうか？〕
と迫りを感じ、次の主日礼拝の後で、

「皆さん、こんなお葉書をいただきました。先生がわたしたちの会堂のために祈ってくださるのに、わたしたちが祈らないでいいのでしょうか？　わたしたちもこのために祈りましょう！」と訴えた。

そして、礼拝でも祈祷会でも、このために特別に祈りがささげられるようになった。すると、ちょうど時を同じくして旧川京商店の跡地が売りに出ているといううわさが耳に入った。早速下見に行った。しかし、そのままでは使えないこと、それに加えて他に買手がいること、かなり高額であることが分かり、そこは断念せざるを得なかった。道が閉ざされたかに見えていたとき、現在の教会が建っている場所も売りに出ているとの知らせがもたらされた。

はやる心にブレーキをかけるように御言葉がわたしの心に、また教会員のみんなの心に重くのしかかったかと思うと、「もう駄目かー」と鈍る心にGoサインとなり、前にあり、後にあってわたしたちを導いてくださった。

そこにもまた障害が持ち上がった。そこもすでに欲しい人がいるということ、もう一つ、それが大きかったが、やはり今までの場所への愛着が強く、50年教会を支えてこられた方々にとっては、それはなおさらのことであった。それはやむを得ないことでもあった。それに追い討ちをかけるようにして、

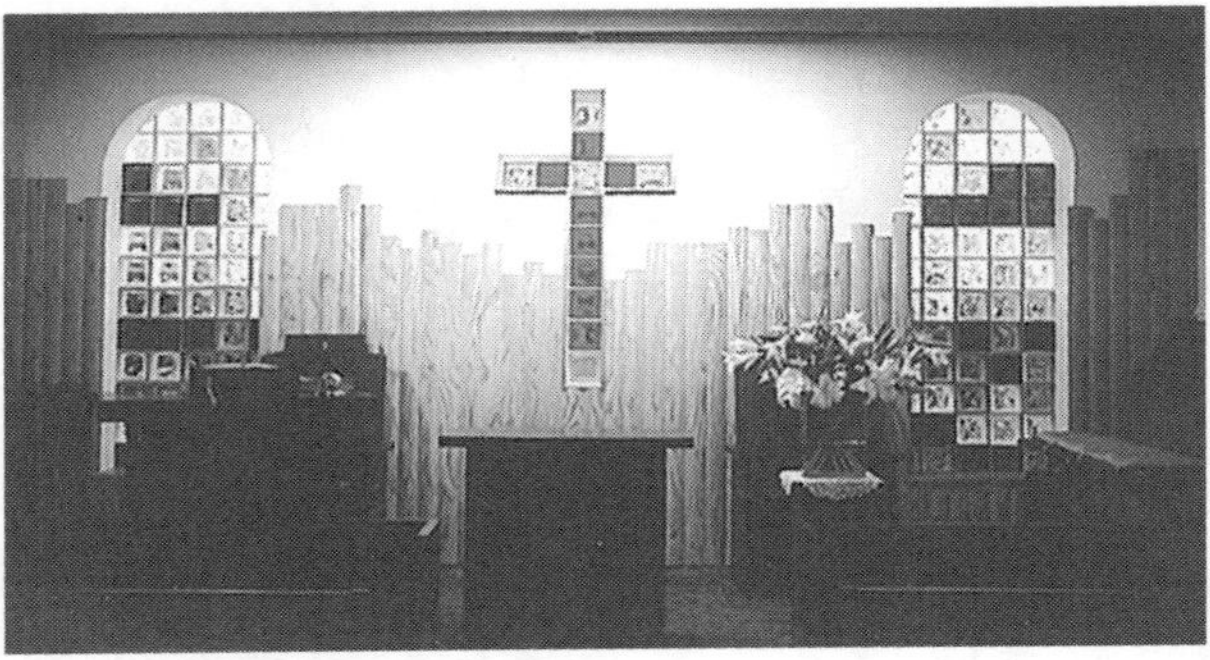

「教会が向こうに行くことに、ご近所でもいろいろなことが耳に入ってくる。」

などと、さまざまなうわさが耳に入った。

「やはり御旨ではないのか?」

と断念やむなしかと思われていたが、ある兄弟が
「わたしが近所の方々に直接に聞いてみてあげますよ。」

といって、聞いてくださった。結果は意外や意外、

「反対者はだれもいません。むしろ歓迎してくださっています。教会がきてくださると、雰囲気がよくなるというのです。あの通りが『教会通り』になるかも分かりませんよ。」

とのこと、急転直下ゴーサイン。

次は資金だ。以前、銀行から二〇〇万円借りようとしてとても面倒だったことを知っているし、それに銀行に預けておいてもあまり利息のつかない今日、教会員がみんなで出し合おうということになり、まず買って最低の改修をして移転することに

した。

それにしても限られたスペース、どこをどうするかについても、なるべくみんなの意見を取り入れることにしたが、五〇人おれば五〇人の意見がある。その意見をまとめるのにもかなりの時間をかけたが、最終的には現在のようになった。そこにも「前に行き、しんがりとなられる」主の御手があった。

改修のコンセプトは日本画家でもあるA兄に依頼することにした。

以下、彼のコンセプトを50周年記念誌から引用する。

「会堂のデザインのコンセプトを欧米風にするよりは、聖地イスラエルの印象からとした。外観の色調は、ベツレヘムやエルサレムの渇いた石の色、緑はオリーブの木からの印象を採り入れた。そしてこれらを統括する先端の塔をもってまとめたいと願った。引き続き、会堂のシンボルとなる塔と鐘が与えられるよう祈りたい。

チャペル正面壁の杉板を縦に並べたデザインは、生誕教会の眼下に広がる『羊飼いの野』から眺めたベツレヘムの町並み、丘の稜線をイメージしたものである。

そしてパイプ・オルガンの配列、また木材の町、木場で、新年を迎えるにあたり、板材を見事に並べ飾った風習、『板飾り』のイメージも加味させ、木場にある教会としての独自性をアッピールしようとした。祖父の代から材木業に携わってきて、生れたときから木場の町に育んでもらったわたしの思い出でもある。

同じく正面壁にある二枚の窓は、山上の垂訓の丘から眺めたガリラヤ湖の風景、ヨルダン川のイメージからデザインした。そしてこれも、深川の水のイメージを加味させた。

十字架の赤とオレンジによる配色は、言うまでもなく、主イエスの流された血潮、そしてそこからの希望を象徴させた。

将来、南側の窓には、野の花々をデザインしたステンドグラスの入ることを望んでいる。」

こうして「無理なく長く」は不思議と実を結んだのであった。

わたしたちの教会だ

こうして同じ町内ではあるのだが、新しいところに移転した教会は雰囲気が一変した。先にも記したように、教会には大財閥はおろか、大金持ちもいない。しかし、主と教会を愛する心だけはみんなもっている。これさえあれば、主の教会はできる。

次々と献金は送られてきたし、自分たちでも出し合った、時間を少しかけて返すのだが……。もともと教会として建てられた建物ではないのだから、多少不自由なところもあるが自分たちが主にささげた教会だ。みんな教会を愛するようになった。花壇の手入れをする者、教会を掃除する者、それだけではない、

「先生は、先生しかできないことだけをしてください。わたしたちにできることは、できるだけやらせてください。それに教会はなるべく留守にしないほうがいいから、集会のない日は、わたしたちが都合をつけて、やりくりして、留守番にきます。そのときわたしたちにできることがあったらやらせてください。」

との申し出があり、だれがいつ、なにをするかまで書いてくれるようになった。

「あそこは、こうしよう。ここはこれがいい。」

とみんな教会にくるのが楽しくてたまらなくなった。

そうはいっても、できない人はたくさんいる。痛みをもった人、戦いの中にある人などさまざまである。

でもわたしは、

「教会は痛みのある人、戦いの中にある人、弱い人大歓迎。」

そういう人を心から迎え入れ、主が愛されたような教会を目指したいと思っている。そういう人を教会で迎えなかったら、どこが迎えるだろうか。わたし自身できが悪い、弱い、痛みを抱えながら迎えられた牧師なのだから……。

その願いに主が耳を傾けられたかどうかは知らないが、わたしたちの教会には今週の週報を見ても25名以上の方々がさまざまな痛みや支えを必要としておられる。その他、心の痛みを抱えている方々、そういう方々を支えておられるご家族を入れるならば、どんなに多くの方々がわたしたちの支援を求めておられるか分からない。

〔ああ、それにしては無力だなー、わたしは〕

という思いを抱いていると、どこからともなく、

〔また君は、自分で何かができると思っているのか？　仕様がないなー〕

という声が聞こえてくるようだ。主が使徒パウロに言われたように、

「わたしの恵みはあなたに対して十分である。わたしの力は弱いところに完全にあらわれる。」

（IIコリント一二9）

と主は語ってくださった。

「アーメン、主よ」

とひれ伏すのみであるが、まだパウロのように、

「それだから、キリストの力がわたしに宿るように、むしろ、喜んで自分の弱さを誇ろう」

とまでは言えない自分がいる弱いわたしである。

〔でも、いいか、こういうわたしを充分ご存じで召してくださり、ここに遣わしてくださったのだから……。〕

主の真実に期待して

しばしば夢見ることがある。

〔また、君の夢か？〕
いいではないか、夢見るのも。かつての賑やかな町並み、子どもたちの笑い声。かつては……。
〔「老人は夢を見る」か？〕
主はヨセフに夢を見させ、エレミヤにはまだ監視の庭に閉じ込められているときに、まだ夢のようなときに語られたではないか。否、70年後に実現させられたではないか。「見よ。わたしは健康と、いやしとを、ここにもたらして人々をいやし、豊かな繁栄と安全とを彼らに示す。わたしはユダとイスラエルを再び栄えさせ、彼らを建てて、もとのようにする。………荒れて、人もおらず住む者もなく獣もいないユダの町とエルサレムのちまたに、再び喜びの声、楽しみの声、花婿の声、花嫁の声……が聞こえる」（エレミヤ書三三6〜11）
確かに少子化は進み、子どもを育てる環境は決してよいとは言えないかもしれない。しかし、主の約束は真実だ。夢を見ようではないか、夢を。主の真実に期待して……。

かつて、わたしが大阪に赴任する前、妻の遣わされていた城東ホーリネス教会（現大阪栄光教会）の主任牧師をしておられた先生は、神戸に住み、その住まいには「神戸ホーリネス教会事務所」の看板をかけ、決して「神戸ホーリネス教会」とは言われなかった。先生はひたすら祈っておられた。

「教会を与えてください。小さいのでは駄目です、大きいのをお願いします。それも大通りに面した教会をお願いします」

全く、雲をつかむような祈りであったが、それが間もなく実現したのである。しかも「信徒付き」で。さらに先生はお祈りされた。

「これではまだ小さ過ぎます、〇〇億の会堂をお願いします。」

〔そんな虫のいい〕

とそれを聞いていたわたしたちは思っていたが、しばらくして神戸市の道路拡張計画が持ち上がり、それに伴ってまさに大会堂が建築され、先生の夢が実現したのであった。夢は見るものだ。ウィリアム・ケアリーは「神に大きなことを期待せよ、神のために大きな事業を企てよ」と言った。

主の真実に、今一度かけてみようようと願うこの頃である。もう時間はないのかなー。夢だけでもよいではないか。

12　説教

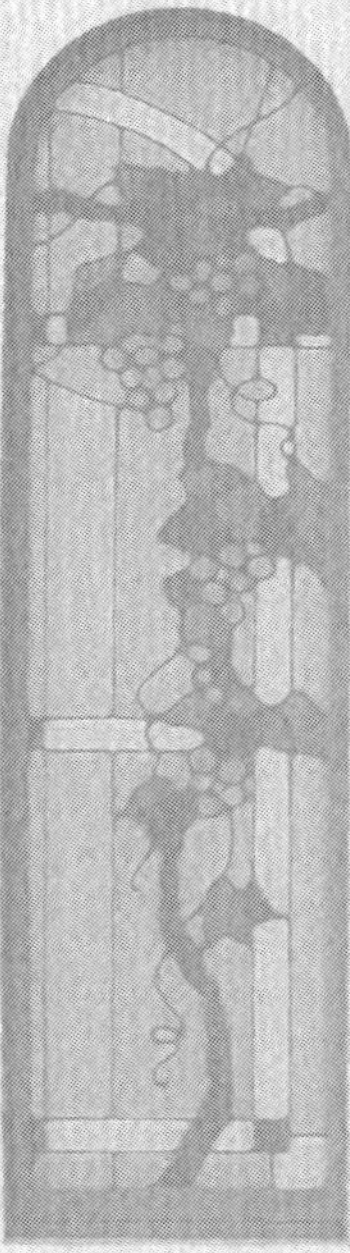

信じて帰りなさい（ヨハネによる福音書4章46～54節）

御霊によるスタート（ガラテヤ人への手紙5章25節、使徒行伝1章1節～8節、2章1節～4節）

説教　信じて帰りなさい

1951年（昭和26年）4月号の機関誌『りばいばる』誌上に車田先生は「聖書に帰れ！」という論文を掲載し、その中で「1、聖書はなるべく大きなものを持て。2、複数訳の聖書を読め。3、関係深い関連箇所を周到に比較せよ。4、最も中心となる聖句を暗記せよ。5、特に学んだ御言葉を自らの心と生活に当てはめて反省し、祈れ！」と訴えている。

わたしたちの信仰生活の基本は、なんと言っても聖書である。

イエス・キリストは地上においでになるとき、数々の奇跡を行われたことは、みんなもよくご存じのことと思う。

ところで二千年前に行われた、しかもユダヤの地でイエスが行われた奇跡と、今日の私たちとはどういう関わりがあるだろうか。換言すれば「イエスの奇跡の今日的意義」とでもいうべきものは何かということを考えてみたい。そしてこの事件を通して、神の恵みと祝福をいただきたい。

聖書に出てくる奇跡は何か？

新約聖書の、特に「四福音書」と言われているマタイ、マルコ、ルカ、ヨハネの福音書には、わたしたちの救いに関わる限り、イエス・キリストのご生涯とご奉仕のすべてが記されていると言われるが、特にイエス・キリストのなさった「奇跡」のことが非常に多く出てくる。そのために「あれがなければなあ」と言う人がおり、また「あれがあるがゆえにキリスト教なのだ」と言う人もいる。しかし、この福音書を書いた福音書の記者たちは違っていた。彼らにとって「奇跡」は、イエス・キリストの救いの事業のうち、最も重要な意義をもっていた。特にヨハネは、それは「しるし」であると言う。この「しるし」とは、イエス・キリストのなさった奇跡に対してヨハネが用いた独特な表現である。

マタイやマルコやルカは、イエス・キリストのなさったこのような奇跡を「不思議」、あるいは「力あるわざ」であるとか、あるいは「すばらしいわざ」、または「みわざ」と言っている。ところがヨハネだけは、「しるし（sign)」、すなわち「救い主のsign」であると同時に、「救いそのもののsign」であるという。「救いとはこういうものである」というかのごとくである。

それはイエス・キリストのなさった奇跡が、二千年前にパレスチナのガリラヤ地方で行なわれた単なる事件であるのみならず、それをはるかに超えてイエス・キリストの教えと救いのみわざのこの目で見ることのできる「しるし sign」であることを意味しているというのである。だからわたしたちは聖書を読むとき、今の自分に語られた言葉として聖書を読まなければならない。

この事件が教えようとしている福音的意義は何か

では、この事件はわたしたちに何を教えようとしているであろうか。言い換えるならば、この事件の霊的、信仰的とでもいうか、その「福音的意義は何か」ということである。

わたしたちは今、イエス・キリストをこの肉眼で見ることはできないし、イエス・キリストのみ声をこの耳で聞くこともできない。「いや、この肉眼で実際に見た」とか、「この耳ではっきり聞いた」と言う人がいたならば、それは幻影であったり、幻覚であったり、幻聴に過ぎない。

それで忘れることのできないのは、第二次世界大戦が終って、日本にいわゆる「キリスト教ブーム」といわれるものがやって来て、教会に行くことがブームになった時代があった。そんなある日、東京の確か日比谷公園だったと思うが、「キリスト教大伝道会」が開催され、会場は満員の人々でうずめ尽くされていた。やがて若い司会者が立って開会を宣言し、賛美歌を歌い終ったところで、前に座っていたひとりの若者、あるいは右翼の男であったかもしれないが、突然立ち上がって、「弁士、質問！」と大声で叫んだ。続いて「神がいるなら見せてくれ！」とわめきたてた。さあ、若い司会者は突然のことで動転し、困り果てて青ざめている。会場は波を打ったかのように静まり返り、かたずを呑んで成り行きを心配そうに見守っていると、その日の講師のひとりであった賀川豊彦がおもむろに立ち上がり、講壇の方にゆっくりと歩み寄り、マイクをつかんで「ちょっと君、わたしには神が見えるんだがね。君には見えないのかね。あのね、この聖書には『心のきよき者は幸いなり。彼らは神を見ん』とあるんだよ。心のきよい人には神は見えるというんだが、君は見えないという。すると、君はよほど悪いことでもしたのかね、おかしいねえ」と言った。それを聞いていたその若者は、なんともばつが悪そうに、そこにいたたまれなくなり、こそこそと立ち去っていったという。そう言った賀川も、この肉眼で神を見たのではないことは確かである。

わたしたちは、弟子たちのように、直接イエス・キリストの救いのみわざを見ることも、イエス・キリストから直接「あなたの罪は赦された」、「あなたは神の子とされた」、あるいは「あなたは清くされている」というみ声を、たとえ隣に座っていたとしても聞くことはできない。ましてて、イエス・キリストをこの肉眼で見ることなど決してできない。

では、このような制約の中で信仰生活を送らなければならないわたしたちは、どのような信仰生活を送るべきなのだろうか。それに対してイエス・キリストは、この奇跡を通して回答を与えておられるのである。主イエス・キリストをこの肉眼で見ることのできないわたしたちの信仰生活は、いったいどんなものだろうか。そこでは何を信じ、何を信頼していくべきなのだろうか。「イエス・キリストを信じなさい。イエス・キリストを受け入れなさい」、「イエス・キリストを心の中に宿しなさい」、「イエス・キリストにささげなさい」などと言われるが、それはどういうことなのだろうか。

それに対して、イエス・キリストは「聖書のみ言葉に従い、それにいのちを託して生きる生き方こそが、信仰生活のあるべき姿である」と答えておられるのである。

事件のあらまし

そこで、この事件のあらましを見てみたい。

この父の願いは、イエス・キリストにカペナウムにある自分の家に来ていただくことであった。イエス・キリストは今まで多くの人を癒して来られたので、イエス・キリストが来てさえくださるならば、自分の息子も必ず治してくださるに違いないと信じていた。

ところが、イエス・キリストはこの父親の切なる願いを拒まれた。カナからカペナウムまでは16km、歩くならば5、6時間はかかる。だから行くうちに死ぬかもしれない。そのために、「今さら行っても」と思われたのかもしれない。しかし、イエス・キリストはたとえ行く途中で死んだとしても、その子どもを墓から生き返らせることのできる大能をお持ちのお方である。

しかし、イエス・キリストはこの父親に、ただ「お帰りなさい。あなたの息子は助かるのだ（あなたの息子は治っています。生きていますよ）」という約束、すなわち、お言葉だけをお与えになり、ぜひ来て祈って欲しいという父親の願いにお答えになったのである。そしてこの約束、すなわち、このみ言葉は、この父親に重大な決断を迫ることになった。父親は、イエス・キリストがカペナウムに来てくださること、そして、来て祈ってさえくださるならば、必ず自分の息子の病気は治ると信じていた。しかし、その願いも今はイエス・キリストによって拒否されてしまった。そして、「お帰りなさい。あなたの息子は助かる。治っている、生きている」という約束、み言葉だけをお与えになった。はるか16kmも離れている所にいる息子が、果たしてこの約束、み言葉の約束だけで癒されるのだろうか。その約束、このみ言葉を信じて帰るべきだろうか。その約束、このみ言葉に息子のいのちを託すべきか、この父親は、今や重大な決断を迫られていた。

考えてみれば、人の口約束ほど当てにならないものはない。口先のうまい詐欺師は横行しているではないか。詐欺でないまでも、真実ではあろうが、結婚の約束、受洗の約束も、簡単だとは言わないまでも、破られてしまう。しかし、今や最愛のひとり息子のいのちを、一片の口約束に託すべきか、どうか。父親は、決断の場に今立っている。しかし、この決断の場に立った父はどうしたか。イエス・キリストの約束、み言葉だけに息子のいのちを託して帰ったのである。50節「彼は自分に言われたイエスの言葉を信じて帰って行った。」

これは実に短い言葉ではあるが、値千金の言葉であり、実に読む者の心を打つ感動的な言葉である。あれかこれかの決断を迫られたとき、イエス・キリストの約束、み言葉に一切を託すのである。たとえイエス・キリストがカペナウムに来られなくても、息子の頭に手を置いて祈ってくださらなくとも、その約束、そのみ言葉は必ず成就すると信じたのである。

そもそもイエス・キリストのみ言葉は、イエス・キリストのいのちがかけられたみ言葉であり、神のみ言葉であった。だから神が「光あれ！」と言われたならば、そのように光があった。生まれてから38年も歩いたことのなかった男に、「床を取り上げ、家に帰りなさい」と言われたところ、床を取り上げ、家に帰ったのであった。

信仰生活の基本的なあり方

イエス・キリストはこの事件を通して、わたしたちに信仰生活の基本的なあり方を教えられたのであった。すなわち、キリスト教信仰の基本は、イエス・キリストのみ言葉、聖書のみ言葉にいのちを託して生きることである。このイエス・キリストのみ言葉の確かさ、み言葉の権威こそ、ヨハネがこの事件を通してわたしたちに教えようとしていることだというのである。

この父親は、決断を迫られたとき「先生！　しかし」とは言わなかった。わたしたちは口先では「聖書は神のみ言葉である。誤りのない神のみ言葉である」と言ってはいるが、しかしいざとなると、「今さら信じても仕方がない」と諦めてしまってはいないだろうか。

ヨハネによる福音書15章7節のみ言葉に目を向けてみよう。

「あなたがたがわたしにつながっており、わたしの言葉があなたがたにとどまっているならば、なんでも望むものを求めるがよい。そうすれば、与えられるであろう。」（口語訳）

「あなたがたがわたしにとどまり、わたしのことばがあなたがたにとどまるなら、何でもあなたがたのほしいものを求めなさい。そうすれば、あなたがたのためにそれがかなえられます。」（新改訳）

「あなたがたがわたしにつながっており、わたしの言葉があなたがたの内にいつもあるならば、望むものを何でも願いなさい。そうすればかなえられる。」（新共同訳）

「わたしの言葉があなたがたにとどまっている。」「わたしのことばがあなたがたにとどまる。」

「わたしの言葉があなたがたの内にいつもある。」ということはどういうことか？　特に「わたしのことばがとどまる、わたしのことばがあなたがたの内にいつもある」ということは、主のことばを知っていることか？　主のことばを暗記していることか？　ノー、そうではない。端的に言うならば、「主のことばに支配される、コントロールされる」ということである。み言葉によって、わたしたちの生涯がコントロールされることである。み言葉によって生涯が支配されることである。

イエス・キリストは今天においでになり、わたしたちはこの地上にいる。だから、この肉眼でイエス・キリストを見ることはできない。そのわたしたちがこの地上で信仰生活を送るに当って、最も大切なことは、み言葉にいのちを託して、信頼して生きることである。聖書のみ言葉は、イエス・キリストがいのちをかけられた神のみ言葉である。人の言葉ではなくいのちの源である神のみ言葉、神のご意志であるから、わたしたちのいのちを託すのに値するものである。しかし、これは易しいようでなかなか難しい。心からなる信頼と服従を要する。

例えば「自分の財産をことごとく捨てきる者でなければ、わたしの弟子となることはできない」というみ言葉に、どのくらい従うことができるのか。ほんとうに「自分に語られた言葉」として信じていないから、平気で読んでおられるのではないのか。とても全財産どころか、少しでも差し出すことは困難である。

ヨハネの第一の手紙3章16節、「主は、わたしたちのためにいのちを捨てて下さった。それによって、わたしたちは愛ということを知った。それゆえに、わたしたちもまた、兄弟にためにいのちを捨てるべきである。」前半はよいとしても後半はどうか。「それゆえに……。」とは簡単に言えない。でも平気で読んでいる。なぜか、どこかこれは自分に語られたとは思っていないのではなかろうか。

これは自分宛の手紙か、その他大勢宛の手紙だろうか。自分宛の手紙であるとすれば、そうやすやすと「ああ、そうか」とは言えないはずではなかろうか？　それが言えているところに問題がある。否、そう言えないわたしたちをもなお見捨てないで、そう言えないわたしたちの身代わりに、そう言ってくださったお方がおられるのである。そのお方のゆえに、わたしたちはそう言えるようにさせていただけるのである。

説教　御霊によるスタート

使徒行伝1章2節に「お選びになった使徒たちに、聖霊によって命じたのち……」とありますが、その「聖霊によって命じた」という言葉がいやに気になります。なにげなく読んでいくならばそれまでですが、「弟子たちに」どうして、イエスともあろうお方が「聖霊によって……」、ご自分で命令することができたのに……。「聖霊によれるイエスさま。」地上におられた時だけでなく、挙げられる時まで……。ローマ人への手紙6章を見ると、イエスが死人の中からよみがえらされたのは聖霊によってではなく「神の大能の力によって……。父の栄光をよって」であったことをみます。しかしここでは「聖霊によって」であったのです。

どうもルカはいつもそうであったようです。その点にいつも心が、目が惹《ひ》きつけられていたかのように思われます。すなわち、聖霊によって身ごもり（1章）、御霊によって生まれ、育ち（2章）、御霊によって洗礼を受け（3章）、導かれ、「主の御霊がわたしに宿っている」（4章）と言われています。聖霊が内に、共に、そしてサタンに対しても「御霊の剣、すなわち、神の言」をもって撃退されました（4章）。み言葉を記憶しておられたのはイエス、しかし御霊が働いて……。

聖書学院の卒業式に出席していつも思うことがあります。「このただ一枚の卒業証書の背後に、どれだけの犠牲、どれだけの執り成しがあっただろうか？　確かに、多くの祈りと犠牲が払われている。しかし、それだけで出て行っていいのだろうか？　この一枚に卒業証書にそれだけの力があるだろうか？　否、『主の御霊われに在す』。これがなければ出て行って何ができる。イエスさまでさえも『聖霊によって』でなければ何事もなさらなかったではなかろうか。」と。

ある牧師の部屋に一枚の額があり、そこに everything by prayer と書かれていました。それを眺めながら everything by the Spirit「すべてのこと御霊によって」「万事御霊によって」。裏を返せば「御霊によらないでは何事もしない。」これは主イエス・キリストのお姿ではないでしょうか。主イエス・キリストの本質ではないでしょうか。「ペンテコステ」と言えば「聖霊」、「聖霊」と言えば「ペンテコステ」……。御霊の働きはどこからスタートしたのでしょうか？　御霊の働きはことごとくがそうですが、なかでも大きな位置を占める働きは、クリスチャンに対してです。

御霊の働きの第一は己、肉性からの解放である

ペンテコステがきたとき、御霊がきたときに何にもましてやって来たのは、「万事御霊による」

者にしていただいたということです。それまではどうだったのでしょうか。自己の熱心、自己の努力、自己の栄誉に生きる生涯でした。言葉を替えて言うならば、「他を批判する」ことによらなければ、自分の地位が保てないのです。その点ではいわゆる「できる人」、「破れのない人」は危険です。

イエスの弟子であったペテロをごらんなさい。彼ほど直情径行《ちょくじょうけいこう》の人はいなかったと思います。しかし、一面では肉性丸出しでした。他人も自分と同じでないと我慢ができませんでした。ところがペンテコステを経験してからの彼は、ことごとくひざまずいて祈る人に変えられたではありませんか。まさにイエスの生涯はそれでした。静まって、祈って、働きから抜け出して、独りになって父を仰ぐことなくして何事もやっていけないお方、それがイエスでした。まさに御霊に支配され、コントロールされた生涯でした。

1924年（大正13年）ウィリアム・マッカーサーという宣教師が来日しました。彼は来日したとき64歳でしたが、彼はまさにガラテヤ人への手紙2章20節を地で行くような人でした。彼は16歳のときに回心を経験し大きな喜びにあふれていましたが、いつの間にか回心当時の喜びは失われていきました。彼は、どうしてもあの時の喜びを回復したいと願いました。そこで彼は、〔そうだ、牧師になろう。牧師になったら、好むと好まざるとに関わりなく聖書を読むだろうし、読まざるを得なくなるだろう。またお祈りもするだろうから……」

　と考えました。そして4年間神学校で学び、卒業してある地方の教会での奉仕に入り、一所懸命伝道牧会に励みましたが、どうしても喜びがありません。牧師だからやってはいましたが、自分を偽ることができません。日曜日毎に高潔な真理は語るのですが、自分の実生活は低迷を続けました。そんな生活がいつまでも続くはずがありません。そこで彼は牧師を辞めて商人になったのです。商才があったのでしょうか、しばらくは順調な日々が続きましたが、数年後のある夏の夜彼の店から出火しすべては灰燼《かいじん》に失してしまいました。すべてを失った彼は、

「やはり牧師を辞めたから、神さまが警告をお与えになったのだ」

　と反省し、また牧師に復帰し開拓伝道をはじめましたが、「御霊の火」がないのですからいつまでも続くはずがありません。しかし、商人になるにはもう資金がありません。困り果てた彼は、銀行員として働くことにしました。そこで耳にした世俗的な会話には、クリスチャンとしての彼には耐えられませんでした。

　意気消沈した彼はある日、馬に乗って（今なら車でというところでしょうか）郊外に行き、一本の木に馬をつなぎ、芝生の上にひざまずき、

「神さま！　何とかしてくださいよ。」

と必死になって祈りました。すると心のなかに語る声があり、

「よし、分かった。それでは君の力ではなく、君の心ではなく、御霊によってわたしの心、わたしの計画だけを行うようにしてやろう。」

すると、

「ちょっと待ってください。99％まではそれでいいのですが、1％は自分の力で、自分の思うようにやらせてくださいよ。わたしは何も全部してもらうために来たのではないのです。」

馬の方に半分ほど行ったのですが、それ以上足が進まないのです。そして神さまから追い討ちをかけるようにして、

「どうだ、そうしてほしくないのか？　もしそういう心にして欲しければ、君にはできなくても、わたしがそういう心にしてやるが、どうだね。」

「いや」とは言えない。そんな心になれるものならば……。うめくように、

「そうしてもらいましょうか。」

そのとき以来、ほんとうに「聖霊によって」生きる者に変えられたのでした。（小島伊助著『我なり恐るな』いのちのことば社）

心の聖化である

これは自分で作り出すものではなく、御霊がイエスの十字架と復活によって成就してくださったものを信仰をもっていただくことです。皆さん、十字架はわたしたちの「ため」にのみあるのではありません。もちろんそれは大切なことです。確かに、イエスはわたしたちに代って、わたしたちのために死んでくださり、三日目によみがえってくださいました。それによってわたしたちの罪は赦されたのです。ほんとうに心の底から「イエスは主である」と告白し、イエスを救い主として受け入れるときに、それはわたしたちのものとなります。そして、それは実に大いなることです。わたしたちの生活を変えるような出来事です。

しかし、それだけではありません。イエスの十字架をじっと見つめているときに、実はそこに汚れた「わたしも」、そこにすでに死んでいるのを見るのです。使徒パウロもあの有名なガラテヤ人への手紙2章20節において、「わたしはキリストと共に十字架につけられた」と言っています。それは、わたしたちがなんと言おうと事実です。信仰とはこのキリストの事実、十字架と復活の事実に対する応答、レスポンスです。この神の事実に対して、たとえ現実がどのようであろうとも「そうです、アーメンです」ということです。

しばらく前のことですが、ある日本キリスト教会の長老が、自分がどうしてもきよめられなければならないと、その教会で聖会のご用を関西の牧師に依頼してきました。2日間に4回のご用を約束し、そこで牧師はその日までには少し日にちがありましたが上京し、彼の自宅を訪問しました。彼は宮内省華やかなりし頃の宮内省の侍医寮に勤務する40代の医師でした。たいへん喜んで2階の大広間に案内され、挨拶が終わるや否や、

「先生、よく来てくださいました。実は、一昨日の朝、きよめられました。」

「そうでしたか。よかったですね。きよめられるのは何も聖別会を待たなくてもいいのです。いつでもいいのですよ。それは感謝なことでした。」

「いやあ、どうも恥ずかしい話、三〇年来のクリスチャン、どうもこの短気が収まりませんでしてね。一所懸命祈ったり、我慢したりするのですが、つい何かのときに爆発するんですよ。」

お話を聞きながら、この人がきよめられるというのは、ただ短気の収まることばかりのように思われました。

「こんどは、はたの人はどうでも、とにかく、わたしは短気が収まらなければ、クリスチャンとしてやっていけない。先日も、礼拝から恵まれて帰ってきて『食事だ、食事……』と言うと、お客さまかなにかで、まだ準備ができていない。『礼拝にも出ないで、食事の準備もできていないのか。』まず、ここで一本グッときました。1時ごろになりまして『遅くなりました』と持っ

てきました。『何だ、今ごろ！』と思わず足が出る、手が出る。ご飯がひっくり返る。お汁がこぼれる……。（これはしまった）と思っても後の祭り、お手伝いの人がびっくりして、ふすまの陰からのぞいている……。絶体絶命で、それで聖別会をお願いしたのですが、毎朝4時ごろから独りで早天祈祷会をしていました。一昨日の朝も、重い心でただ独り神さまを求めていますと、5時頃だったでしょうか、み言葉がきました。求めることですね。切に求める者に神はお与えくださるのでしょうか。

「おまえはいつまで、自分の腹の中ばかりのぞいて見ているのか？　いつになったら、その一物がキリストと共に十字架に付けられていると信じるのか？」

先生、ハッとしました。ほんとうに無知でした。愚かでした。不信仰でした。以前に『信じます』と言ったり、『十字架を信じます！』と言いもしましたけれども、また『ほんとうかな？』『そうかな？　そうかな？』と自分で疑ってみたりもしました。一昨日の朝は違います。『いつになったら十字架を信じるか？』『ああ、神さま、分かりました。不信仰でした、今、信じます』と仰ぎ見ましたときにですね。何か、すうっと、飛んでいったような気がしました。そんな『気』はどうでもいい。けれどもみ言葉がきました。それは尊いのですよ。『わたしはキリスト共に十字架に付けられました。』すうっと、せいせいしました。『生きているのは、もはや、わたしではない。キリストが、わたしのうちに生きておられるのである。』み言葉と共に信仰がきました。もう、うれしくて、一昨日の朝から身体が温まるような気がしましてね。うれしくて、一昨日の朝から一度も腹が立ちません。」

彼は感謝しながら、涙を流しながら、われを忘れて感謝していたというのです。戦いが激しかっただけ、勝利が大きかったのでしょう。悩みが深かっただけに喜びも大きかったに違いありません。（小島伊助著『前掲書』）

御霊は主イエスとの一致、主イエス・キリストの内住をもたらす

主イエスの絶えざる臨在です。旧約聖書のヨシュア記・士師記とサムエル記は戦いの記録が載せられていますが、その間に一輪の花のような『ルツ記』というのがあります。ルツというのは異邦のモアブ出身の女性でした。モアブ人の祖先は、近親相姦によって生まれた民族でした。そこにいたルツの夫はエリメレクと言い、その一家が飢饉のためにベツレヘムを離れモアブに来たとき、不思議な導きでナオミの家の嫁としてルツは迎えられました。ところが結婚後間もなくその夫と死別し、姑と共に未知のベツレヘムに、すっかり落ちぶれて「ナオミ（楽しみ）と言わずに、マラ（苦しみ）と呼べ」と言って帰ってきました。そこで嫁のルツは落穂拾いをするのです。ところが、落穂拾いに行った畑は義母ナオミの夫エリメレクの遠縁に当たるボアズの畑でした。ボアズはとても親切でした。「他の畑に行くな。いつまでもここで落穂を拾えばいい」と言い、わざわざ穂を落として行くように使用人に命じるのです。それはナオミも驚くほどの供給でした。

わたしたちも神の前にはすっかり落ちぶれてしまい（人格的にも）、神のみこころに従うことができず、倫理的にも霊的にも落ちぶれてしまっています。ところがボアズならざるイエス・キリストがおいでくださり、すばらしい供給をしてくださいました。しかし、まだ落穂拾いをしなければ生きていけません。確かに「主はわたしの牧者であって、わたしには乏しいことがない」のは事実です。

ところが、ルツ記4章にいきますと、それまで毎日落穂拾いをしていたルツが、畑の持ち主ボアズと結婚しているのです。それまでも、確かにボアズのすばらしい供給を得ていましたが、しかし、それは依然として落穂拾いをしなければなりませんでした。すばらしい恵みに与っていたことは事実ですが、それはボアズの一部の恵みにしかまだ与っていないのです。

ところが結婚したとき、彼と一つのくびきを負い、重荷を共にすることによって与えられる愛を経験したのです。もう落穂拾いの必要はありません。ボアズのものは一切ルツのものとなったのです。

わたしたちが救われることは、実にすばらしいことです。しかし、キリストと結ばれて一つとなり、主イエスがうちに内住なさるとき、それはまさに絶えざる臨在です。ボアズのものはわたしのもの、わたしのものはボアズのものなのです。わたしたちが御霊によってキリストと一つになり、主イエス・キリストのすべてがわたしたちのものとなる世界があるのです。

御霊は力をもたらした

それは「心のきよめ」に先行しません。主は昇天を前にして、「ただ、聖霊があなたがたにくだる時、あなたがたは力を受けて、……わたしに証人になる」と言われました。御霊はクリスチャンに力を与えます。弱々しい人が力強い人に変えられるのです。しかし、その力は「腕力」ではありません。では、どのような力でしょうか？

a.　罪に打ち勝つ力です。罪はわたしたちに容赦なくやってきますが、御霊はこれに打ち勝つ力を与えてくださいます。

b.　あかしする力です。「聖霊があなたがたにくだる時、あなたがたは力を受けて……わたしの証人となる」と言われました。

わたしたちは他のことはどんなに話すことができても、あかしをしようとするとき、とたんに口が閉ざされてしまいませんか？　しかし、あのペテロをごらんなさい。あれほど恐怖心の塊のようであり、名もない女性の言葉にもオドオドしていたのですが、ペンテコステ以後は全く人が変わったように大胆になり、大祭司の前で「人に従うよりは神に従うべきであると、大胆にあかししているではありませんか。そして使徒行伝3章を見ますと、あの足が不自由で人に施しを請いながら宮の門の傍らにいた人に向かって、「金銀はわたしにはない。しかし、わたしにあるものをあげよう。」と言っています。あなたは「あげるもの」をお持ちですか？

己から解放されるのも、心がきよめられるのも、主にご内住していただくのも、それ自体が目的ではありません。そのことが福音の前進になる、あかしの力になるのでなければ、どうにもならない。みわざの前進のために生きるものとすることです。しかも、それも御霊によるのです。

しばらく前のことです。銀座教会で日本キリスト教協議会の総会が開かれました。総会の二日目、アナウンスがあり、「これから青山学院大学構内でアバコ（キリスト教視聴覚センター）の起工式をするので出席してほしい」とのこと。みんなは銀座教会から車で移動しました。近くで車を降り、ひとりの人がすでに故人になられた賀川豊彦と並んで歩いていました。「賀川先生、こんにちは」。「やあ」と答え、歩きながらふと賀川の方を見るともなしに見ると、どうも格好がおかしい。しかし、どこがおかしいのか分からない。かといってじろじろ見るわけにもゆかず、「何かおかしいぞ、どこか変だぞ」と思いながら歩いていきました。しばらくすると「おかしい」原因が分かりました。それはソフト帽子を後ろ前逆さにかぶっていたのです。賀川にとっては、自分の格好なんかどうでもよかったようです。

起工式が終り、銀座教会に帰った一同は会議を再開し、賀川は立ち上がり、「自分の時間と自分の身体と、財産を全部ささげるから、日本全国に伝道を展開しよう」と提案しました。するとひとりが立ち上がり、「賀川君の言うことは分かるが、今はそんなお祭り騒ぎをしている時ではない。もっと教会を固めなければ……。わたしは賀川君の提案に反対する」と言ったのです。

すると賀川は猛然と立ち上がり、「わたしはどうでもいいような、いい加減なことを言っているのではない。わたしはこのために命を賭けようとしている」と強い口調で演説をしました。

そのうちに賀川の演説はぴたりとやんだのです。みんなあっけにとられていますと、右のポケットに手を入れて紙を取り出し、それで鼻をかみ、くるくると丸めて左のポケットに入れたのです。その紙は、今のようなティッシュペーパーではなく、新聞の折り込み広告だったのです。

賀川は与えられた宝全部を、主イエスを日本人に伝えること、貧しい人々の救済のためにささげていたのです。そして自分は「賀川服」というよれよれの服を着て、それで満足でした。それが彼の御霊による生き甲斐だったのです。（木村文太郎著『人生の選択』現代説教選書1、ヨルダン社、1971年）

最後に、そのためにわたしたちは何をなすべきでしょうか？

1. 必要を覚えること
2. 罪の告白と始末すること
3. すべての主権を主に渡すこと
4. 「主は成したもう」と主に委ねること

さあ、御霊によって新しいスタートをしようではありませんか。

感謝に代えて――あとがき

『神の底抜けの恵み』を出版する時には、「故郷にいる家族や友人知人に21歳でなぜ故郷を出たのか、今まで何をしていたのかを、一言知らせたい。それを51年ぶりに初めて母教会の講壇からあかししたい。いや、あの田舎にも神の恵みの福音を必要としている、かつてのわたしのような人が必ずおられるはずだ。ひとりでもいい、わたしのような者にも注がれた神のまなざしを！」という心の奥底から突き上げるようなものを感じて、２００６年5月に母教会の礼拝でご用させていただくのに間に合わせるように出版する準備をした。

準備をしているうちに、何か〔そこまでなのか？〕という思いがあり『前編』とした。すると読まれた方々から「続編お待ちしています」「続編はいつ頃ですか？」「続編を楽しみに心待ちにしています」とお手紙をいただいた。それを真に受けたわたしは、時間の合間を縫って深川に赴任してから注がれた神の恵みを思い返した。確かに泣いたこともあった。いな、泣かせたこともあった。怒ったこともあった。戦いもあった。いやそんなことの連続であったかもしれない。そんなわたしを、神さまは見捨てないで、繋ぎ止めてくださった。それはどんなに感謝しても感謝しきれない。

有りのままに書いた。しかし、それはあくまで「わたしの目」に映ったものであり、それにはまた裏側があるに違いない。その意味では「ある一面」であることは免れないことをお許しいただきたい。また、関係者の方々には一応目を通していただいたが、前後関係が違っていたり、事実と異なっている事があればお許しをいただき、お教えいただきたい。

最後になったが、公私共にお世話になった小林先生には、身に余る「序文」を書いていただき心から感謝したい。このようなわたしを46年にもわたって支えてくださった木場深川教会の皆さんに心から感謝したい。どんなに励まされ、支えられ、助けられたか分からない。これらの方々がおいでにならなかったら、今のわたしはない。

神さまはこのようなわたしの側に、妻淑子と四人の子どもたちを置いてくださった。どんなに感謝しても感謝しつくせない。ある息子が「お父さんの思い出は、叱られた事しか残っていないね！」そんな夫を、そんな父を、そんな牧師をみんなよく愛し支えてくれた。書きながら涙が溢れる。やはり、神さまの「底抜けの恵み」だな！

２０１６年10月　東京中央教会の牧師室にて

錦織　博義

【「前編」書評再録】

圧倒的な神のお恵みへの感謝と、その証し！

村上　宣道

さすが長い間、出版の働きに携わって来られただけはある。プロローグのエピソードからの導入など、まずここで、読む者の心をぐっと引き寄せる。なかなかシャレた手法だと感心させられた。とにかく、読みはじめたら止められない。次にはどんなことが、と興味津々、つい読み進んでしまう。〝すべてありのまま　つゆだに飾らず……〟聖歌の一句ではないが、まさにすべてありのまま、飾らない文章で、歯切れよく書き綴られている。

内容は、笑いあり、涙ありの、一伝道者の半生記だが、もちろん自慢話ではなく、さりとてお涙ちょうだい式の単なる苦労話でもない。底に流れているものは、やはり、一伝道者に注がれた神のまなざしを意識しながらの、まさに、「底抜け」と言わざるを得ない、圧倒的な神のお恵みへの感謝と、その証し以外の何ものでもない。それが読む者に、共感を伴って素直に伝わってくる。

同じく伝道牧会のわざに携わっている者には、〝わかる、わかる〟といった思いで肯くところが多いであろう。また、開拓伝道や発展途上の教会形成のなかで苦心している者たちにとっては、励ましや希望となるにちがいない。

さらには信徒の方々が読んだら、牧師というのは、一人の人が信仰を持つに至るまで、こんなに苦労するものなのか、そして一人の人が救われるということを、そんなにも喜ぶものなのか。また、信仰から離れていく者たちへの牧師の悲しみ、痛みなど、今まであまり知ることがなかったかも知れない牧師の心情や生活の断面などが垣間見られるのも、一つの興味と言えるのではあるまいか。

いく度も失恋する青春時代のくだりなども挿入されていたりして、彼もひとりの、普通の人間（あたり前ですが）と親近感をおぼえさせられるなど、とにかく、誰が読んでもおもしろい、と私は思う。これは前編ということだが、後編の出来るのが、ほんとうに待ち遠しい。まずは、この前編の一読を心よりおすすめしたい。

（むらかみ・のぶみち＝坂戸キリスト教会協力牧師・財団法人太平洋放送協会会長）

『本のひろば』２００６年10月号

【「後編」書評再録】

まことの伝道者夫妻とその教会と
家庭に注がれた「神の底なしの恵み」

黒木　安信

『神の底抜けの恵み』は昨年4月に上梓され、それが大好評で続編が待たれていた。わずか半年の間に五〇〇頁近いという労作だが、長年こうしたことに携わってこられた著者には、朝飯前のことであろう。その勢いにこちらも引きずり込まれて、あっという間に読み終えた。厭《あ》きさせない、流れるような名文である。間の取り方が絶妙で、それでいて実に分かりやすい。かつ伝道的であるから、誰にでも薦められる好著である。

前編は入信から献身、そして神学生時代、任地に遣わされてからの伝道者生活、そして結婚。特に埼玉県本庄教会、広島、大阪栄光教会での約10年間の伝道者としての歩みであった。後編は、東京の深川教会（現、木場深川キリスト教会）での約46年にわたる今日までの伝道活動が主である。プロローグに始まり、深川で仕える、祈られ聖別された場所（大島泉の家）、わが家のこと、教会の戦いと祝福、北米・南米伝道旅行、地域に仕える、聖地旅行、事務所で仕える、出版に仕える、エピローグの11章から成っている。説教が二編、末尾を飾っている。

「ヤソの材木屋」で親しまれて来た川端京五郎氏の信仰に始まる教会だけに、その歴史の重さと苦闘しながらも、何とか地域に根ざした教会をと日夜、祈りつつ奮闘していく牧師。赴任当初はなかなか理解されず〔今度の祈祷会には○○教会の祈祷会に行きます。○○教会の祈祷会が恵まれますから……〕と言われて涙する牧師。それを〔その涙は悔しさの涙ではあっても、決して彼らを愛しての涙ではなかった〕と反省する牧師。ありのままの牧師像が飾らず随所に告白されていて胸を打つ。

そうした中で、困難の一つ一つが不思議なように神の介入によって必要も備えられ、乗り越えられていく祝福。それはまさに祈りの答えである。

４人の父として、どう子らと向き合うのか。個性も違い、好みも要求も違う子どもたちの抱える様々な問題、課題にどう対処していくのか。本書にはそうした子どもたちを見つめる厳しくも暖かい眼差しが随所に見られる。

父母の転任に伴って一人の友だちもないまま一年生になり戸惑う子。小学生のお兄ちゃんたちと遊んでいる間に気づけば自分も罪に手を染め、それに苦しむ子。修学旅行に着ていくコートが欲しい。でも予算に限りがある。我慢して気に入らないものを買ってもらったものの、気持ちは納まらない。不機嫌な子に尋ねる母親に、〔僕だって、我慢してきたんだ〕と。特に第4章の「わが家のことなど」の項には、こうした子育ての苦闘がありのまま描かれている。あの子が泣いた！ これで学校に行けるの？ はみ出しっ子、カルガモ、サインは逃すな！ 鶏舎の鶏ではない、鈴虫が生まれたぞ！ 蹴飛ばされたし、歯を折られたり、人の品格、激論の後の祈り、登校拒否か？ 神の傑作、僕だって我慢してきたんだ！ 等々。

著者は、〔親の「枠」にはまらなくてもいい、神さまから与えられた無限の可能性に向かって、一歩でも二歩でも前進してもらいたいものである。……子どもは救いを求めて、必ずサインをだす。そのサインを見逃したり、無視したりしないようにしなければならない。これは大人に課せられた責任であり、また課題でもある〕と結んでいる。

ここで注目したいのは、こうした取り組みは通常の場合、牧師夫妻の営みである。この点、同労者である淑子夫人の果たして折られる役割がはなはだ大きい。子どもたちは母親の前で本音を言い、涙し、悔い改め、母の祈りにいやされていく。

「あふるる恵みの神」の項に、こんな箇所がある。〔それからのわが家は、思い出すのも恐ろしい厳しい日々が続いた。毎日が戦々兢々である。毎日帰りを待ち、連絡を待った。顔を見るまで不安に襲われた。そんなとき、「お祈りしよう、お父さん」と妻に促されてよく祈った……息子に心から謝ったこともあった〕と。

本書は、まこと伝道者夫妻とその教会と家庭に注がれた「神の底なしの恵みである。」

（くろき・やすのぶ＝当時・ウェスレアン・ホーリネス教団浅草橋教会牧師）

錦織博義（にしこおり・ひろよし）

1933（昭和 8）年、島根県の田舎に大工の次男として生まれる。

高校卒業後、日本通運松江支店に勤務。

その後献身して東京聖書学院を卒業。埼玉県本庄教会、広島、大阪栄光、木場深川キリスト教会で奉仕する傍ら、教団事務局長として 20 年仕える。特に、信徒が安心して読める書籍の出版に重荷を感じ、情熱を傾ける。4 男の父

主な著書
『神の底抜けの恵み――伝道者に注がれた神のまなざし』前編／後編（2006 年、ヨベル）

ご連絡は――
nishi4005@yahoo.co.jp

YOBEL 新書 039
決定版　ひとりの伝道者に注がれた神のまなざし

2016 年 10 月 20 日 初版発行

著　者 ―― 錦織博義
発行者 ―― 安田正人
発行所 ―― 株式会社ヨベル　YOBEL, Inc.
〒 113-0033 東京都文京区本郷 4-1-1　TEL03-3818-4851
FAX03-3818-4858　e-mail : info@yobel. co. jp

組版 ―― 株式会社ヨベル
印刷・製本 ―― 中央精版印刷株式会社

配給元―日本キリスト教書販売株式会社（日キ販）
〒 162 - 0814　東京都新宿区新小川町 9 -1
振替 00130-3-60976　Tel 03-3260-5670

ISBN978-4-907486-37-2

使用している聖書は、日本聖書協会発行の『口語訳』です。